Moderne Maschinen bieten oft praktische Extras, mit denen sich vieles bequemer nähen lässt. Für manche Nähmaschinen gibt es z. B. einen Kniehebel zum Bewegen des Nähfußes – so bleiben die Hände zum Führen des Stoffes frei. Zum Nähen von Kinderbekleidung und Röhrenformen, wie z. B. Ärmeln oder Hosenbeinen, ist ein Freiarm sehr wichtig. Für viele Näharbeiten, wie das Applizieren, ist außerdem der wählbare Nadelstopp im Stoff vorteilhaft. Die hier abgebildete Nähmaschine zeigt die wichtigsten Funktionsteile. Bei anderen Fabrikaten können abweichende Teile auftreten, das Aussehen des Zubehörs kann variieren oder Teile können mit anderen Begriffen bezeichnet sein. Genaue Informationen zu jeder einzelnen Maschine finden sich in der zugehörigen Bedienungsanleitung.

Freiarm

Bereits mit einer einfachen Nähmaschine gelingen die schönsten Modelle, praktischer Komfort kann die Freude am Nähen aber noch steigern. Einige Zubehörteile oder Funktionen erleichtern bestimmte Arbeitsschritte, andere sparen Zeit. Überlegen Sie vor dem Kauf genau, welche Funktionen Sie benötigen und welche Nähmaschine für Ihren Bedarf geeignet ist. Nehmen Sie sich außerdem Zeit für eine gründliche Beratung, damit Sie später viel Freude am Nähen haben.

Fadenabschneider

Nadeleinfädler

Transporteure   Spulenabdeckung   Nähfuß

Nähmaschinennadeln

Im Laufe der Zeit nutzt sich eine Nadel beim Nähen ab, deshalb sollte sie regelmäßig ausgetauscht werden – nur eine einwandfreie Spitze führt saubere Stiche aus. Beim Kauf von Nadeln sollte darauf geachtet werden, dass sie dem Nadelsystem der Maschine entsprechen. Für Haushaltsnähmaschinen werden normalerweise sogenannte Flachkolbennadeln verwendet. Dieses Nadelsystem trägt die Bezeichnung 130/705. Auf dem abgeflachten Kolben ist die jeweilige Nadelstärke angegeben, die von sehr fein bis sehr dick reichen kann: Die Stärken 60, 70 und 75 werden für leichte Stoffqualitäten verwendet, 80 und 90 für mittlere Qualitäten und 100, 110 und 120 für schwere Qualitäten. Generell gilt, je feiner der Stoff, umso feiner sollte auch die Nadel sein. Bei der Wahl der richtigen Nadel spielt neben der Stärke aber auch die Spitze eine wichtige Rolle, denn unterschiedliche Stoffarten erfordern verschiedene Spitzenformen. Diese werden je nach Hersteller durch Buchstaben oder Farbmarkierungen am Schaft gekennzeichnet. So stehen z. B. „S" und „J" als Systemzusatzbezeichnung für Stretch und Jeans. Noch einige weitere Faktoren können die Entscheidung für eine bestimmte Nadel beeinflussen: Bei Verwendung eines dicken Garns, wie Knopfloch- oder Stickgarn, muss die Nadel ein größeres Öhr besitzen. Zwillingsnadeln können nur bei Zickzack-Maschinen mit quer stehendem Greifer eingesetzt werden, zudem sind zwei Oberfadengarnrollen erforderlich. Die Verwendung der richtigen Nadel ist für das Gelingen einer Näharbeit maßgeblich. Daher ist es sinnvoll, sich ein kleines Nadelsortiment für die gängigsten Näharbeiten zuzulegen.

Übersicht Nähnadeln

Stärken

60, 70, 75	Leichte Stoffqualitäten, z. B. Feinjersey, Kunstseide
80, 90	Mittlere Stoffqualitäten, z. B. Strickstoff, Leinen, Jeans
100, 110, 120	Schwere Stoffqualitäten, z. B. Tweed-Wollstoff, Webpelz

Nadelarten

UNIVERSALNADEL mit normaler Spitze für nahezu alle gewebten Natur- und Synthetikstoffe

KUGELSPITZNADEL mit runder Spitze für grobe Strickwaren und Gardinen

STRETCHNADEL mit abgerundeter Spitze für hochelastische Stoffe wie Fein- oder Seidenjersey

JEANSNADEL mit extrem schlanker Spitze für Denim, mittelschwere Stoffe oder Wachstuch

LEDERNADEL mit geschliffener Dreikantspitze für Leder und Kunstleder

MIKROFASERNADEL mit besonders schlanker Spitze für superfeine Stoffe wie Mikrofasergewebe und Seide

METALLICNADEL mit speziell konstruierter Spitze zum Sticken mit Metallicgarn

ZWILLINGSNADEL mit normaler oder abgerundeter Spitze für ein- und zweifarbige Ziernähte

Antje Sebastian
Engelbertzstraße 22
53121 Bonn

Karin Roser

Einfach nähen lernen

Grundlagen des Maschinen- und Handnähens

Die Nähmaschine

Nähmaschinen werden, abhängig von ihrer Leistung, in verschiedene Kategorien eingeteilt. Es gibt eine große Bandbreite verschiedener Maschinen für die unterschiedlichsten Bedürfnisse, angefangen bei der einfachen Nähmaschine mit Nutz- und Zickzackstich bis hin zur computergesteuerten Maschine mit einer riesigen Auswahl an Sticharten für kompliziertere Arbeiten. Im Prinzip sind die wichtigsten Teile einer Nähmaschine bei allen Typen gleich, es kann jedoch je nach Fabrikat, Modell und Preisklasse Unterschiede im Aufbau geben.

Fadenführung

Fadenspannungs-Einstellrad

Garnrollenhalter

Spuler

Spulstopp

Fadenhebel

Handrad

LED-Displa

Nähfußheber

Rückwärtsschalter

Stich-wahl-tasten

Taste für Nadelstop im Stoff

Anschiebetisch/Zubehörbox

Stichmuster-übersicht

Zwillingsnadeltaste

Stichlängenschieber

Stichbreiten-/Nadelpositionsschieber

Spulen

Neben dem Oberfaden benötigt man zum Nähen auch einen Unterfaden. Dieser wird auf Spulen aufgewickelt und anschließend in ein Gehäuse unterhalb des Nähfußes eingesetzt. Im Zubehör einer Nähmaschine sind meist einige Ersatzspulen aus Metall oder Kunststoff enthalten. Es ist sehr nützlich, mehrere Spulen zu besitzen, damit häufig verwendete Garnfarben immer sofort gebrauchsbereit zur Verfügung stehen. Auf diese Weise kann zeitaufwändiges Auf- und Abwickeln verschiedener Farben auf eine Spule vermieden werden.

In der Bedienungsanleitung jeder Nähmaschine kann nachgelesen werden, wie beim jeweiligen Modell die Spulen aufgewickelt und in das Spulengehäuse der Maschine eingesetzt werden. Der Unterfaden sollte gleichmäßig und nicht mit höchster Geschwindigkeit aufgespult werden. Sollten beim Kauf einer Maschine keine zusätzlichen Spulen enthalten sein, können diese auch nachgekauft werden. Hierbei auf die Spulengröße achten, da sie je nach Hersteller variieren kann.

Bei gelochten Spulen können Sie den Faden von innen nach außen durch eines der Löcher nach oben führen, bevor die Spule auf den Spuler gesetzt wird. Halten Sie den Fadenanfang fest und schneiden Sie ihn nach dem Spulen ab. Auf diese Weise kann er sich beim Nähen nicht im Stich verfangen.

Nähmaschinenfüße

Der Nähfuß übt von oben Druck auf den Stoff aus und sorgt so dafür, dass dieser vom Transporteur während des Nähens gleichmäßig weiter geschoben werden kann. Neben dem Standardnähfuß, auch Normal- oder Allzwecknähfuß genannt, der im Zubehör jeder Nähmaschine enthalten ist, sind meist noch drei bis vier andere Nähmaschinenfüße beigelegt. Bei einigen Modellen findet sich auch ein Führungslineal, welches an der Nähfußhaltestange befestigt werden kann und hilft, die Breite einer Nahtzugabe exakt einzuhalten. Die verschiedenen Nähfüße ermöglichen die unterschiedlichsten Verarbeitungstechniken. Neben den mitgelieferten Füßen gibt es für die meisten Maschinen ein vielseitiges Sortiment als Sonderzubehör zu kaufen.

Gehört zu Ihrer Nähmaschine kein Führungslineal, können Sie auf der Stichplatte eine Linie im gewünschten Abstand (z. B. der Nahtzugabe) mit buntem Klebeband markieren. Im Fachhandel werden außerdem magnetische Kantenführer angeboten. Diese sind zweckmäßig, sollten jedoch keinesfalls bei computergesteuerten Nähmaschinen verwendet werden!

STANDARDNÄHFUSS Der normale Fuß für Geradstich- und Zickzacknähte wird am häufigsten gebraucht.

EINSCHRITT-KNOPFLOCHFUSS Vereinfacht das Anfertigen von Knopflöchern. Der Knopf wird eingelegt und ein passendes Knopfloch kann automatisch in einem Schritt genäht werden.

BLINDSTICHFUSS Wenn ein Saum unauffällig bzw. nicht sichtbar sein soll, dient der Blindstichfuß zur Stoffführung.

REISSVERSCHLUSSFUSS Die spezielle Form ermöglicht das dichte Entlangsteppen rechts und links der Reißverschlusszähnchen oder entlang einer Paspelkante.

STICKFUSS Für Ziernähte und kleinere Stickereien wird der Stickfuß eingesetzt. Er ist teilweise aus Plexiglas und sorgt so für bessere Sicht auf die Stiche.

FÜHRUNGSLINEAL Das Lineal ist hilfreich für gerades Nähen, Einhalten der exakten Naht- bzw. Saumzugabe und für gleichmäßige Abstände bei parallelen Stepp- und Ziernähten.

Gebräuchliche Maschinenstiche

GERAD-/STEPPSTICH (A) Der Gerad- bzw. Steppstich ist der am häufigsten gebrauchte Stich zum Nähen von normalen Nähten. Er wird auch für Absteppnähte auf der rechten, also der später sichtbaren Seite eingesetzt. Mit der größten Stichlänge werden in diesem Stich auch Stoffe z.B. für Rüschen gekräuselt oder zur vorübergehenden Fixierung aufeinander geheftet.

ZICKZACKSTICH (B) Mit dem Zickzackstich werden die Schnittkanten eines Stoffes umnäht, damit sie nicht ausfransen können. Durch variable Stichlänge und -breite funktioniert dieses so genannte Versäubern bei fast allen Stoffen problemlos. Dieser Stich ist außerdem wichtig zum Applizieren von Motiven, Nähen von Knopflöchern, Annähen von Knöpfen und für Verzierungen. Wird der Zickzackstich zum Steppen von elastischen Nähten bei dehnbaren Stoffen eingesetzt, muss die Stichbreite sehr schmal eingestellt werden.

GESCHLOSSENER OVERLOCKSTICH (C) Der Overlockstich näht und versäubert in einem Arbeitsgang, da Stepp- und Zickzackstich kombiniert werden – ideal für Web- und Strickstoffe.

ELASTIKSTICH (D) Der Elastikstich ist stärker als der normale Zickzackstich, da er den Stoff mit jeweils drei Stichen verbindet. Er eignet sich für dekorative Muster, zum Aufnähen von Gummiband, Stopfen von Rissen, Aufsetzen von Flicken und Versäubern der meisten – vor allem dehnbarer – Stoffe.

EINFACHER BLINDSTICH (E) Mit dem einfachen Blindstich werden hauptsächlich Saumabschlüsse bei normalen, festen Stoffen genäht. Dieser Stich ist auf der rechten Seite nicht sichtbar.

ELASTISCHER BLINDSTICH (F) Zum Säumen von dehnbaren und feinen Stoffen wird der elastische Blindstich verwendet. Die Stiche sind auf der rechten Seite nicht sichtbar.

ZIERSTICHE (G-J) Zierstiche sind vielseitig anwendbar. Sie setzen dekorative Akzente oder dienen zum Aufnähen von Bändern und Applikationen. Durch Kombination und Variation der unterschiedlichen Stiche entstehen noch weitere neue Muster. Moderne Nähmaschinen können zum Teil komplizierte und auch große Motive sticken.

Unentbehrliche Helfer

Mit dem richtigen Werkzeug macht das Nähen noch mehr Spaß. Nadeln, Scheren, Messwerkzeuge und Markierhilfen gibt es in großer Auswahl. Ob bestimmte Utensilien im Gebrauch handlich und vorteilhaft erscheinen, hängt von der individuellen Arbeitsweise jedes Einzelnen ab. Durch Ausprobieren können die passenden Werkzeuge für die eigenen Bedürfnisse am besten zusammengestellt werden. Mit einem gut ausgestatteten Nähkasten näht es sich auf jeden Fall schneller und effektiver. Kleines Nähzubehör wie Garne, Nadeln, Bänder und Verschlüsse fasst man im Fachhandel unter dem Begriff „Kurzwaren" zusammen.

Steck- und Handnähnadeln

HANDNÄHNADELN Da je nach Stoffart und Nähtechnik eine andere Nadel benötigt wird ist es nützlich, sich ein kleines Sortiment an Handnähnadeln in verschiedenen Stärken und Längen und mit verschiedenen Spitzen zuzulegen. Für kleine Stiche ist eine kurze Nadel praktisch, für große Stiche eine lange Nadel. Auch hier gilt: Je feiner der Stoff, desto dünner sollte die Nadel sein. Stopf- und Sticknadeln haben ein größeres Öhr, damit auch dickes Garn eingefädelt werden kann.

STECKNADELN Stecknadeln gibt es in verschiedenen Stärken und Längen. Dünne Nadeln mit flachem Stahlkopf eignen sich für feine Stoffe. Für locker gewebte, dickere und flauschige Stoffe sind Stecknadeln mit runden Köpfen praktischer, da sie griffiger und besser zu sehen sind. Für sehr dicke Stoffe gibt es die so genannten langen Schwesternnadeln. Stecknadeln sollten aus rostfreiem Edelstahl oder Messing und die runden Köpfe möglichst aus Glas bestehen. Köpfe aus Plastik können eventuell beim Überbügeln schmelzen.

Scherensortiment und Nahttrenner

ZUSCHNEIDE-/SCHNEIDER-SCHERE Die asymmetrische Scherenform ermöglicht eine exaktere Schnittkante, weil das untere Blatt beim Schneiden flach auf dem Tisch aufliegt und so der Stoff wenig angehoben werden muss. Die Schere darf nicht für Papier oder andere Materialien verwendet werden, da sie sonst stumpf wird.

ZACKENSCHERE Zum Beschneiden der Kanten von wenig ausfransenden Stoffen – dadurch spart man sich das Versäubern mit der Nähmaschine. Sie kann auch für wirkungsvolle Zierränder bei nicht gewebten Materialien wie Filz, Wachstuch und Leder eingesetzt werden.

PAPIERSCHERE Zum Ausschneiden der Schnitte aus Papier.

NAHTTRENNER Wird auch Pfeil- oder Fadentrenner genannt. Er erleichtert das Auftrennen von Nähten und das Aufschneiden von Knopflöchern. Auch der Stoff unter dem Nähfüßchen kann damit zurecht gerückt werden.

STICKSCHERE Praktisch zum Abschneiden von Fäden und für feine Arbeiten wie das Einknipsen der Nahtzugaben an Stoffteilen.

9

Messwerkzeuge

MASSBAND Zum Ausmessen von langen Abständen ist ein Maßband (Länge 1,50 m) wichtig – es sollte flexibel, jedoch keinesfalls dehnbar sein.

KURVENLINEAL Das biegbare Lineal (Länge ca. 50 cm) erleichtert das Übertragen von runden und geschwungenen Formen und kann auch zum Aufzeichnen von Nahtzugaben verwendet werden.

HANDMASS Praktisch zum Abmessen kurzer Abstände, für Knopflochmarkierungen und zum Einzeichnen von Nahtzugaben.

NÄHMASS Mithilfe des Schiebers lassen sich die Maße beliebig einstellen. Kreise, Nahtzugaben und Knopflochabstände sind so schnell und leicht einzuzeichnen. Ideal auch zum Ausmessen von Faltentiefen.

Das genaue Einhalten von Maßen ist für ein gelungenes und sauber verarbeitetes Modell unerlässlich. Diese praktischen Messwerkzeuge helfen Ihnen dabei.

Kopier- und Markierhilfen

Mit Kreide, Schneiderkopierpapier und Kopierrädchen werden Schnitte und Schnittzeichen auf den Stoff übertragen. Spezielle Trickmarker ergänzen die Ausstattung. Verschiedene Farbtöne ermöglichen das Einzeichnen sowohl auf hellen als auch auf dunklen Stoffen.

TRICKMARKER Die Farbe verschwindet nach kurzer Zeit von allein, die Dauer hängt von der Stoffart ab. Die Markierung kann auch sofort ausgewaschen werden.

SCHNEIDERKOPIERPAPIER UND KOPIERRÄDCHEN Beim Rädeln liegt das Kopierpapier unter dem Stoff. Mit dem Kopierrädchen wird durch leichtes Durchdrücken der Zähnchen Farbe vom Kopierpapier auf den Stoff übertragen. Für elastische Stoffe besser ein Kopierrädchen mit glattem Rad oder Plastikzähnchen verwenden, damit der Stoff nicht beschädigt wird.

AQUA-TRICKMARKER Die Farbe ist mit etwas klarem Wasser entfernbar.

MINENSTIFT Ideal für extrafeine Linien (0,9 mm). Die Markierungen können mit dem integrierten Radiergummi gelöscht oder vollständig ausgewaschen werden.

SCHNEIDERKREIDE/KREIDESTIFT Weiße Kreide lässt sich leicht entfernen, farbige Kreide kann dagegen je nach Stoff etwas hartnäckiger sein. Kreidestifte sind vorteilhaft, weil sie einfacher anzuspitzen sind und ein Bürstchen zum Beseitigen der Farbe aufgesteckt ist. Bei der Schneiderkreide lassen sich stumpf gewordene Kanten mit einem Messer oder feinem Schleifpapier schärfen. Selbstlöschende Zauberkreide oder Sublimierkreide verschwindet nach einigen Tagen von selbst oder sofort beim Bügeln.

BÜGELMUSTER-TRANSFERSTIFT Der Stift überträgt Stickmotive mittels Transparentpapier und Bügeleisen, die Farbe ist auf Leinen und Baumwolle auswaschbar.

Nützliche Utensilien

NADELEINFÄDLER Zum Einfädeln des Fadens bei Maschinen- und Handnähnadeln ist ein Nadeleinfädler hilfreich. Einfach die Drahtschlinge durch das Öhr schieben, Faden durch die Schlinge fädeln und den Einfädler durch das Öhr zurück ziehen.

DURCHZIEHNADEL, SICHERHEITSNADEL Dienen zum Einziehen von Gummiband oder Kordeln. Die abgerundete Spitze der Durchziehnadel eignet sich auch zum Ausformen genähter Ecken.

ROLLSCHNEIDER Mit dem Rollschneider, der in verschiedenen Größen erhältlich ist, werden Stoffe schnell und exakt zugeschnitten – sehr praktisch für Streifen und geometrische Formen. Um die Tischplatte zu schützen eine spezielle Schneidematte unterlegen.

ECKEN- UND KANTENFORMER Zum Ausformen von verstürzten Ecken verwendet man das spitze Ende, für Rundungen und Nahtränder das abgerundete Ende.

FINGERHUT Beim Nähen mit der Hand schützt ein Fingerhut den Mittelfinger, z. B. wenn eine Nähnadel mit viel Kraft durch dicken Stoff geschoben werden muss. Fingerhüte gibt es in verschiedenen Größen. Offene Hüte, so genannte Fingerringe, sind luftdurchlässig und daher oft angenehmer.

WENDE-SET/WENDENADEL Eine Wendenadel erleichtert das Verstürzen von schmalen Stoffstreifen wie Gürteln, Taschenhenkeln oder Trägern.

Verschlüsse

NADELKISSEN Ein Nadelkissen dient zur stets griffbereiten Aufbewahrung von Nadeln. Ein Magnet-Nadelkissen hat den Vorteil, dass auch andere metallische Gegenstände wie Nahttrenner, Sicherheitsnadeln und kleine Scheren haften bleiben. Es sollte jedoch nicht in direkter Nähe einer computergesteuerten Nähmaschine liegen.

Die Verschlüsse für eine Näharbeit sollten mit viel Sorgfalt ausgewählt werden. Sie können unauffällig Ton-in-Ton nur zum Schließen dienen oder in einer Kontrastfarbe dekorative Akzente setzen. Häufig erhalten selbstgenähte Modelle durch außergewöhnliche Accessoires den letzten Schliff.

REISSVERSCHLÜSSE gibt es in verschiedenen Längen, Farben und Stärken. Sie sind mit einer Kunststoffspirale oder mit Metall- oder Kunststoffzähnchen versehen. Das Band besteht aus Baumwolle, Baumwollgemisch oder Polyester und sollte der Stoffstärke sowie den Pflegeeigenschaften des Nähobjekts angepasst sein. Teilbare und Zweiwege-Reißverschlüsse werden eingesetzt, wenn eine durchgehende Öffnung, wie z. B. an Jacken, notwendig ist, nicht teilbare z. B. an Kissen oder Taschen. Bei nahtverdeckten Reißverschlüssen ist die Einsteppnaht von der rechten Stoffseite nicht sichtbar. Sie sind eine elegante Möglichkeit um Schlitze unauffällig zu schließen.

TEXTILKLEBER Aqua-Fixiermarker und Textil-Klebestift ermöglichen das Fixieren von Stoffen, Borten, Applikationen, Reißverschlüssen u. ä. ohne Nadel und Faden. Beim Fixiermarker ist der Kleberauftrag durch gelbe Farbe sichtbar, die beim Trocknen verschwindet. Beide Kleber sind auswaschbar und hinterlassen keine Rückstände.

KNÖPFE sollten für den Verwendungszweck praktisch sein und ebenfalls den Pflegeeigenschaften des Stoffes entsprechen. Es gibt Stegknöpfe mit kleiner Öse auf der Rückseite und Durchnähknöpfe mit zwei oder vier Löchern. Auch Druckknöpfe gibt es zum Annähen, wahlweise aus Metall oder Kunststoff.

KLETTBAND gibt es in verschiedenen Farben und Breiten, selbstklebend oder zum Annähen. Dieser Verschluss besteht aus einem Flausch- und einem Häkchenstreifen, die beim Zusammendrücken aneinander haften bleiben.

METALLHAKEN und passende **METALLÖSEN** können so angenäht werden, dass sie von der rechten Seite nicht sichtbar sind.

NÄHFREIE VERSCHLÜSSE sind Druckknöpfe, Ösen und Nieten. Wenn solche Verschlüsse öfter verarbeitet werden, lohnt sich die Anschaffung einer Vario-Zange. Magnetverschlüsse eignen sich bestens für Handtaschen, Beutel und Rucksäcke. Die Stoffrückseite vor Anbringen des Verschlusses mit Fixier-Stickvlies oder Bügeleinlage verstärken, damit er später nicht durch häufiges Öffnen einreißt.

Originell für alle Heimtextilien: Wäscheknöpfe aus Leinen können je nach Farbwunsch individuell eingefärbt werden. Mit Stoff-Malstiften lassen sich auch kleine Muster flink in den gewünschten Farbtönen aufmalen.

Stoffbezogene Knöpfe

Wenn sich im Kurzwarenangebot mal keine passenden Verschlüsse finden, können individuelle Knöpfe mit wenig Aufwand selbst hergestellt werden. Sie können mit Stoff, Bändern und anderen formbaren Materialien bezogen werden. Sogenannte Grundknöpfe gibt es in verschiedenen Größen aus Messing oder Kunststoff. Sehr einfach gelingt das Beziehen mit im Fachhandel erhältlichen Fertigpackungen, denen zusätzlich zwei Plastik-Werkzeugteile beigefügt sind.

1 Die Schnittvorlage aus der Packungsrückseite ausschneiden. Den Umriss mit einem Stift auf die linke Stoffseite übertragen und den Stoff entsprechend zuschneiden.

3 Die Knopfrückseite auflegen, so dass der Schriftzug PR lesbar nach oben zeigt, und mit der blauen Plastikkappe fest andrücken, bis sie einrastet.

2 Das Stoffteil mit der rechten Seite nach unten auf die weiße Plastikform legen. Den Knopf mit der gewölbten Seite nach unten in die Öffnung drücken. Überstehende Stoffkanten nach innen legen und falls nötig mithilfe einer Nadel an den Zacken befestigen.

4 Zuletzt den fertigen Knopf von unten aus der Form herausschieben.

Kleine Stoffkunde

Im Handel werden Stoffe in verschiedenen Breiten angeboten, überwiegend zwischen 90 cm und 150 cm. Stoffe bis 100 cm werden als einfach breit, solche zwischen 100 cm und 160 cm als doppelt breit bezeichnet. Die Länge wird individuell je nach Bedarf im Geschäft zugeschnitten.

Die unterschiedlichen Stoffe haben jeweils einen eigenen Charakter und besondere Qualitätsmerkmale. Wofür ein Stoff sich eignet und wie er am besten gepflegt wird, hängt von den verwendeten Fasern ab. Einige Materialien erfordern sogar besondere Verarbeitungstechniken. Für ein perfektes Nähergebnis sind daher Kenntnisse der wichtigsten natürlichen und chemischen bzw. synthetischen Fasern sowie deren Eigenschaften unerlässlich. Beim Stoffkauf können die verwendeten Fasern dem Etikett auf dem Stoffballen entnommen werden. Bei Mischgewebe sind sie in der Reihenfolge des enthaltenen Anteils aufgeführt. Baumwollstoffe lassen sich besonders gut verarbeiten, da sie problemlos für den Zuschnitt markiert werden können, leicht zu pflegen sind und ihre Kanten wenig ausfransen.

Stofffasern und ihre Eigenschaften

Pflanzliche Naturfasern

BAUMWOLLE Weich, saug- und sehr strapazierfähig. Trocknet langsam, knittert leicht. Gut färbbar. Kann beim Waschen einlaufen, verträgt aber häufiges Waschen und ist gut bügelbar. Die Eigenschaften der Fasern können durch Textilveredelung verändert werden, so dass sie pflegeleicht bzw. schrumpffrei und knitterarm sind.

LEINEN Hochwertig, matt glänzend, fusselt nicht. Sehr saug- und strapazierfähig. Fühlt sich etwas steif und kühl an. Kochfest. Je nach Veredelung niedrigere Waschtemperatur wählen, verträgt beim Bügeln starke Hitze.

Tierische Naturfasern

WOLLE Elastisch und sehr saugfähig. Vorsichtig waschen, filzt leicht. Trocknet langsam.

SEIDE Hochwertig und glänzend. Elastisch und sehr reißfest. Je nach Qualität und Ausrüstung sehr leicht und geschmeidig oder schwer und steif, knittert leicht. Vorsichtige Handwäsche oder professionelle Reinigung, bei mittlerer Temperatur bügeln.

Chemische Fasern

VISKOSE/RAYON Besteht aus Zellulose. Preiswert. Kann glänzend oder matt und in verschiedenen Optiken hergestellt werden, so dass eine Ähnlichkeit zu Wolle, Baumwolle oder Seide besteht. Handwäsche oder professionelle Reinigung, bei mittlerer Temperatur bügeln.

ACETAT Aus Zelluloseacetat. Leicht glänzend, ähnelt optisch der Naturseide. Formbeständig, knittert kaum. Maschinenwäsche möglich. Falls nötig, von links unter einem Tuch und bei niedriger Temperatur bügeln.

Das gleiche Nähmodell kann je nach verwendeter Stoffqualität, Farbe und Muster ganz unterschiedlich wirken. Nicht alle Qualitäten sind jedoch für jedes Modell geeignet. Lassen Sie sich bei der Stoffwahl von der angebotenen Vielfalt inspirieren und gegebenenfalls beraten.

Mit Wachstuch, Filz, Filzstoff und Walkloden lassen sich schnell schöne Modelle anfertigen. Diese Materialien sind gut zu verarbeiten und eignen sich besonders für Nähanfänger. Sie fransen nicht aus und brauchen deshalb nicht versäubert werden. Der normale Bastelfilz ist nicht waschbar, kann jedoch gut für dekorative Accessoires verwendet werden.

Synthetische Fasern

POLYESTER Sehr strapazierfähig, knitterarm, form- und lichtbeständig. Weich und geschmeidig. Wenig saugfähig, trocknet schnell. Pflegeleicht: Verträgt Maschinenwäsche, falls nötig bei niedriger Temperatur bügeln.

POLYAMID/NYLON Sehr hohe Reißfestigkeit. Ähnliche Eigenschaften wie Polyester, jedoch hitzeempfindlicher – falls nötig bei niedrigster Temperatur bügeln.

POLYACRYL Wolliger als Polyester und Polyamid. Weich, strapazierfähig, wenig saugfähig. In warmem Wasser waschbar, falls nötig bei niedriger Temperatur bügeln.

Stoffmengen

In Nähanleitungen findet sich für gewöhnlich eine Stoffempfehlung mit Angabe der benötigten Menge. Diese Mengenangabe hängt jedoch von der Stoffbreite ab. Hat der gewählte Stoff eine andere Breite, können die Schnittteile vor dem Kauf z. B. auf einer zur entsprechenden Breite zusammengefalteten Tischdecke probeweise ausgelegt und so der Stoffbedarf ausgemessen werden.

Bei einigen Stoffen, z. B. solchen mit Strichrichtung, ungleichmäßigen Karos oder Streifen, müssen beim Auflegen der Schnittteile alle eingezeichneten Fadenlauf-Pfeile in die gleiche Richtung zeigen, wodurch sich der Stoffverbrauch je nach Modellgröße erhöhen kann. Folgende Besonderheiten sind zu beachten:

Stoffe mit Strichrichtung

Materialien wie Frottier, Samt, Fleece, Velours, Nicki und Cord besitzen auf der Oberfläche kleine Schlingen oder Härchen. Dieser so genannte Flor ist beim Darüberstreichen mit der Hand zu spüren. Sträuben sich die Härchen, so streicht man gegen den Strich. Fährt man mit dem Strich über den Stoff, so liegen alle Schlingen oder Härchen in eine Richtung und die Oberfläche fühlt sich glatt an. Beim Zuschnitt müssen alle Teile in einer Richtung aufgelegt werden, so dass die Strichrichtung identisch ist, sonst erscheinen sie später je nach Lichteinfall unterschiedlich schattiert. Die Stoffteile sollten außerdem möglichst in Strichrichtung gesteppt werden.

Stoffe mit Musterrichtung

Einige Stoffe zeigen Motive, wie z. B. Blumen, Tiere oder Ornamente, die alle in die gleiche Richtung ausgerichtet sind. Auch hier müssen die Schnittteile alle in einer Richtung auf den Stoff gelegt werden, sonst stehen einige Motive später am fertigen Modell auf dem Kopf.

Als Näheinsteiger sollten Sie für Ihre ersten Modelle besser einfarbige Stoffe oder unkomplizierte Muster wählen, bei denen man die Schnittteile in beide Richtungen auflegen kann. So fällt der Zuschnitt leichter. Außerdem können Sie sich beim Nähen ganz auf die Technik konzentrieren und müssen keine exakten Musteranschlüsse beachten.

Karierte Stoffe

Gestreifte Stoffe

Bei gleichmäßigen Karos (im Bild unten) erlaubt das symmetrische Muster das Auflegen der Schnittteile in beide Richtungen. Bei ungleichmäßigen Karos (im Bild oben) treffen aber nicht alle längs verlaufenden Streifen aufeinander, daher die Schnittteile nur in einer Richtung auflegen. Bei zwei oder mehreren Stoffteilen, wie z. B. Vorhängen, muss sichergestellt werden, dass die Muster an den Saumkanten übereinstimmen. Beim Falten von Stoffen mit Karomustern darauf achten, dass die quer- und längs verlaufenden Streifen an den Nähten exakt und deckungsgleich aufeinander treffen.

Für gestreifte Stoffe gilt im Prinzip dasselbe wie für Karos. Haben die Stoffe ein asymmetrisches Streifenmuster (im Bild oben), können die Schnittteile nur in einer Richtung aufgelegt werden, bei gleichmäßigen Streifen (im Bild unten) in beide Richtungen. Jedoch darauf achten, dass die Streifen bei allen Teilen übereinstimmend horizontal oder vertikal verlaufen.

Nähmaschinen mit einem eingebauten doppelten Stofftransport führen den Stoff gleichzeitig von oben und unten. Beim Nähen von Streifen- und Karostoffen sollte auch der Obertransport eingeschaltet sein, denn er verhindert das Verschieben der Stoffe. So passt das Muster an der Naht später exakt zusammen.

Stoff vorwaschen

Bevor Stoff verarbeitet bzw. zugeschnitten wird, sollte er je nach Pflegeempfehlung gewaschen und gebügelt werden. Vor allem Baumwolle und Leinen können beim Waschen etwas einlaufen. Nichtwaschbare Stoffe und Baumwollreißverschlüsse mit dem Dampfbügeleisen oder unter einem feuchten Tuch überbügeln. Auch Bänder entsprechend vorbehandeln. Für reine Dekorationsobjekte, die später nicht gewaschen werden, ist das Vorbehandeln der Materialien nicht erforderlich.

Einlagen

Einlagen verwendet man, um Nähmodellen an bestimmten Stellen Festigkeit und Formbeständigkeit zu verleihen. Es gibt Vlieseinlagen und gewebte Stoffeinlagen zum Aufbügeln oder Einnähen, bekannt unter dem Markennamen Vlieseline. Bei der Wahl einer geeigneten Einlage müssen Qualität sowie Bügel- und Pflegeeigenschaften des Stoffes berücksichtigt werden. Besonders beliebt sind Bügeleinlagen, da sie leicht zu verarbeiten sind und das Ausfransen der Stoffkanten vermindern.

Das angebotene Sortiment an Einlagen ist sehr vielfältig. In der folgenden Aufstellung finden sich Informationen zu einigen gängigen Einlagen und ihren Bezeichnungen.

Bügeleinlage

H 180 Dünnes Vlies aus Synthetikfasern für sehr feine Stoffe, die sich beim Zuschneiden oder Nähen leicht verziehen.

H 250 Stabiles Vlies für leichte bis mittelschwere Stoffe, z. B. zum Verstärken von Gürteln.

S 320 Leichte und sehr feste Einlage für Deko- und Baumwollstoffe, auch Schabrackeneinlage genannt. Eignet sich z. B. für Stoffkörbchen, Taschen oder Bastelarbeiten.

Näheinlage

S 105 Feste, stabilisierende Einlage für Stoffe, die sich nur bedingt oder gar nicht für eine Bügeleinlage eignen wie z. B. Frottier und folienbedruckte Stoffe. Zweckmäßig z. B. für robuste Einkaufstaschen.

Volumenvlies

H 630 Dickeres Bügelvlies für leichte bis mittelschwere Stoffe. Das synthetische Material verleiht z. B. Stepp- und Patchworkarbeiten einen wattierten Effekt sowie Taschen und Stoffbehältern eine gleichmäßige, feste Oberfläche.

Fixier-Stickvlies

AUFBÜGELBARES VLIES zur Stabilisierung von Stickereien und Applikationen. Verhindert besonders bei dehnbaren Stoffen ein Verziehen während des Bestickens oder Nähens.

> Wenn Sie dehnbaren oder feinen Stoff nur während des Nähens verstärken wollen, können Sie dafür wasserlösliches Vlies verwenden. Es eignet sich auch fürs Maschinensticken: Einfach das Vlies mit dem aufgezeichneten Muster auf den Stoff bügeln, Motiv aufsticken und anschließend das Vlies mit kaltem Wasser auflösen.

Nähgarn

Für verschiedene Näharbeiten gibt es ein breites Angebot an Garnen in unterschiedlichen Ausführungen und Lauflängen. Auch wenn Sonderangebote locken, sollte immer auf eine gute Garnqualität geachtet werden. Billige Garne können aus kurzen Fasern hergestellt sein, die schnell reißen und durch Knötchenbildung eine unregelmäßige Naht verursachen. Die meisten Garnrollen haben auf einer Seite eine Rille, in die das Fadenende eingeklemmt werden kann. Dies verhindert ein Abwickeln des Garns beim Aufbewahren. Manche Rollen besitzen stattdessen eine Kerbe. Werden solche Rollen auf den Garnrollenhalter der Nähmaschine gesteckt, muss die Kerbe entgegengesetzt zur Laufrichtung des Fadens liegen, damit er sich beim Nähen nicht verhaken kann. Für normale Näharbeiten sollte für Unter- und Oberfaden die gleiche Garnqualität verwendet werden.

Meist wird das Garn eine Nuance dunkler gewählt als die Farbe des Stoffes, dadurch wirkt es unauffällig. Wer einen dekorativen Effekt erzielen möchte, nimmt stattdessen eine Kontrastfarbe.

Die wichtigsten Garnarten

ALLESNÄHER besteht meist aus Polyester und eignet sich für fast alle Stoffe und Näharbeiten. Das Garn lässt sich sehr gut vernähen, ist leicht elastisch und reißfest.

REINES BAUMWOLLGARN wird für Naturmaterialien wie Baumwolle und Leinen verwendet.

KNOPFLOCHGARN eignet sich für handgenähte Knopflöcher und plastische Ziersteppereien sowie zum Nähen von robusten Materialien wie Leder.

HEFTGARN besitzt nur geringe Reißfestigkeit und wird für provisorische Nähte verwendet.

RAYON MASCHINENSTICKGARN aus hochwertiger Viskose. Verleiht Stickereien einen edlen seidenen Schimmer und zeichnet sich durch hohe Reißfestigkeit und Farbechtheit aus.

METALLICGARN wird speziell für wirkungsvoll glänzende Zier- und Steppnähte verwendet.

Stoffzuschnitt

Ist der passende Stoff gefunden, müssen nun die einzelnen Schnittteile vom Papierschnitt abgepaust, auf den Stoff aufgelegt und zugeschnitten werden. Eventuell ist es dabei notwendig, Nahtzugaben hinzuzufügen und Markierungen auf die Stoffteile zu übertragen.

Die wichtigsten Fachbegriffe

FADENLAUF Bei gewebten Stoffen werden längs laufende Fäden Kettfäden, quer laufende Fäden Schussfäden genannt. Der Fadenlauf bezeichnet die Richtung des Kettfadens und verläuft normalerweise parallel zu den Webkanten. Sind an einem Stoffrest keine Webkanten mehr zu sehen und ist der Fadenlauf schwer erkennbar, wenn möglich am Rand einen Gewebefaden anziehen, der dann die Richtung weist. In Schnitten ist der Fadenlauf mit Pfeilen gekennzeichnet. Beim Auflegen der Schnittteile müssen diese Pfeile, wenn nicht anders angegeben, parallel zum Fadenlauf liegen.

FADENGERADE ZUSCHNEIDEN Um exakte und gerade Kanten zu schneiden, die Schere an einem Faden entlang bzw. zwischen zwei Fäden führen.

STOFFBRUCH Für symmetrische Schnittteile ist oft nur der halbe Schnitt abgebildet. Eine gerade Kante markiert die Achse, an der das Schnittteil zur Vervollständigung gespiegelt werden muss. Diese Kante ist meist mit „Stoffbruch" beschriftet und/oder durch eine gestrichelte Linie markiert. Um die fehlende Hälfte gegengleich und ohne Naht zu ergänzen wird der Stoff vor dem Zuschnitt gefaltet. Die gerade Kante des Schnittteils wird nun genau an diesem Knick, dem sogenannten Stoffbruch, angelegt und das Schnittteil aus dem doppelt gelegten Stoff ausgeschnitten. Bei Webstoff entspricht der Stoffbruch dem Fadenlauf.

RECHTE/LINKE STOFFSEITE Die schöne Oberseite, die beim fertigen Modell außen zu sehen ist, wird als rechte, die Rückseite als linke Stoffseite bezeichnet.

NAHT- UND SAUMZUGABE Zugaben sind die Stoffränder zwischen Nahtlinie (= Linie, auf der genäht wird) und Schnittkante. In einigen Schnitten sind die Zugaben bereits enthalten, so dass die Schnittteile direkt an der Papierkante zugeschnitten werden können. Sind die Zugaben im Schnitt noch nicht eingerechnet, müssen zuerst ringsum Naht- und Saumzugaben aufgezeichnet werden: Je nach Zweck und Material rechnet man für normale Nähte meist 1-2 cm, für gerade Säume 2-4 cm und für runde Säume 2 cm ab der Papierkante. Der Stoff wird anschließend an den eingezeichneten Linien zugeschnitten.

RECHTS AUF RECHTS Ein Stoffteil wird mit der rechten Seite auf die rechte Seite eines anderen Stoffteils gelegt. Die linken Stoffseiten zeigen also jeweils nach außen.

WEBKANTE Beim Weben eines Stoffes entstehen seitlich in Längsrichtung die Webkanten, die parallel zum Fadenlauf liegen. Die Webkanten sind sauber abgeschlossen und fransen im Gegensatz zu Schnittkanten nicht aus. Da sie etwas fester sind als der restliche Stoff sollten sie, außer als Nahtzugaben, beim Zuschneiden nicht einbezogen werden.

Bei gekauften Schnittmustern ist häufig ein Zuschneideplan abgebildet. Dieser zeigt Ihnen, wie Sie die Teile möglichst platzsparend auf dem Stoff verteilen und so beim Zuschneiden weniger Abfall erhalten.

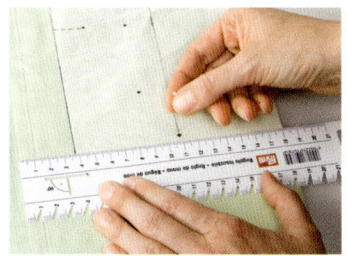

Schnittmuster abpausen

Um Platz zu sparen werden Schnittmuster häufig auf Bögen überlappend mit Schnittmustern anderer Modelle aufgezeichnet. Aus diesem oder anderen Gründen kann es sinnvoll sein, einen Papierschnitt nicht direkt auszuschneiden, sondern ihn abzupausen. Für diesen Zweck gibt es im Fachhandel spezielles Schnittmusterpapier, verwendet werden können aber auch Seiden- oder Transparentpapier. Das Papier auf die Vorlage bzw. das Muster legen. Ist ein großer Schnittmusterbogen vom Falten sehr uneben, das Papier einfach mit einem Bügeleisen ohne Dampffunktion glätten. Mit Filz- oder Bleistift alle Linien, Markierungen und Beschriftungen der einzelnen Teile nachzeichnen und anschließend die Schnittteile ausschneiden. Werden Vorlagen mehrmals verwendet, kann man zur Verstärkung die Rückseite mit dickerem Papier, z. B. Packpapier, bekleben. Für kleinere Motive kann eine Schablone aus Pappe sehr praktisch sein. Die Konturen einfach mithilfe von Pauspapier auf die Pappe übertragen, dann die Schablone sorgfältig ausschneiden.

Schnittteile auflegen

Den Stoff zuerst bügeln, dann schön glatt und faltenfrei zurechtlegen. Darauf achten, dass alle Schnittteile im richtigen Fadenlauf darauf Platz haben. Die Schnittteile werden immer auf der linken Stoffseite aufgelegt, so dass dort auch Zugaben und Markierungen angezeichnet werden können. Große Teile zuerst, kleinere danach auflegen. Falls Naht- und Saumzugaben noch nicht im Schnitt enthalten sind, zwischen den einzelnen Schnittteilen Abstand dafür lassen. Um die Stofffläche optimal auszunutzen kann es sinnvoll sein, die Schnittteile nach und nach auszuschneiden und sich dafür immer wieder einen neuen Stoffbruch zu falten. Für einmal benötigte asymmetrische Schnittteile den Stoff einfach legen, für zweimal benötigte Teile doppelt legen und beide

Teile zusammen ausschneiden. Um zu überprüfen, ob die Teile auch richtig im Fadenlauf liegen, an beiden Enden des auf dem Schnittteil aufgezeichneten Fadenlaufs zu Bruch- oder Webkante messen und die Stelle mit je einer Stecknadel markieren (siehe Foto). Der Abstand sollte an beiden Pfeilenden gleich sein.

Für halbe Schnittteile eine Stoffseite gerade so weit umklappen, dass die Teile im entstandenen Stoffbruch aufgelegt werden können. Beim Falten liegt die rechte Stoffseite immer innen. Vor dem Auflegen des Schnittteils sollte an mehreren Stellen der Abstand vom Bruch zur oben liegenden Webkante gemessen werden, um zu garantieren, dass der Stoff auch genau im Fadenlauf und nicht schief gefaltet wurde.

Die Schnittteile nun ringsum mit Stecknadeln so feststecken, dass die Schnittlinie zum Schneiden frei bleibt. Bei doppelt gelegtem Stoff darauf achten, dass die Nadeln beide Lagen erfassen. Bei Lackstoffen, Leder oder Wachstuch bleiben Nadeleinstiche sichtbar, deshalb Schnittteile mit Klebeband oder Büroklammern befestigen.

Schnittvorlagen für Stoffe mit schwierigen Mustern wie Karos und Streifen am besten mit einem wasserfesten Stift auf durchsichtige Schnittfolie zeichnen. Beim Zuschneiden ist so der Verlauf des Musters wesentlich besser sichtbar als bei herkömmlichem Schnittmusterpapier.

Naht- und Saumzugaben aufzeichnen

Bei Schnittteilen, die keine Zugaben enthalten, müssen Naht- und Saumzugaben ringsum mit Handmaß und Trickmarker oder Schneiderkreide auf den Stoff gezeichnet werden. Oft sind die Maße der benötigten Zugaben in der Anleitung angegeben. Ist dies nicht der Fall, können sie je nach Zweck und Material selbst gewählt werden. Entlang der eingezeichneten Markierung wird dann zugeschnitten. Sind die Nahtzugaben gleichmäßig aufgezeichnet, liegen die Schnittkanten später beim Nähen exakt aufeinander. Für das Gelingen einer geraden Naht kann man sich dann an den Schnittkanten orientieren und so einen Arbeitsschritt, das Übertragen der Nahtlinien, sparen.

Stoffteile zuschneiden

Den Stoff entlang der Papierkante oder der eingezeichneten Markierung mit einer scharfen Schneiderschere zuschneiden. Dabei so wenig wie möglich anheben, da sich sonst die Schnittkanten leicht verschieben können. Mit der freien Hand den Stoff dicht neben der Schnittlinie festhalten und mit langen Schnitten arbeiten.

Schnittkonturen und Markierungen übertragen

Bevor der Papierschnitt nach dem Zuschneiden der Stoffteile wieder abgenommen wird, müssen Naht- und Saumlinien (= Konturen) und alle im Schnittteil eingezeichneten Markierungen, bis auf den Fadenlauf, auf den Stoff übertragen werden. Wird später Vlieseline aufgebügelt, die am Rand des Schnittteils befindlichen Markierungen, wie Ansatzpunkte für andere Teile oder vordere und rückwärtige Mitte, bis auf die Nahtzugabe verlängern, damit sie sichtbar bleiben. Alternativ können diese Stellen auch mit kurzen Einschnitten in den Zugaben gekennzeichnet werden. Zum Übertragen von Markierungen gibt es verschiedene Möglichkeiten:

Markierung bei doppelter Stofflage

Ein Stück Schneiderkopierpapier mit der beschichteten Farbseite nach oben auf eine gerade Oberfläche legen. Das zugeschnittene Stoffteil darauf legen. Das Kopierrädchen zuerst entlang der Papierkante führen und so die Nahtlinien übertragen. Dann alle weiteren Markierungen nachrädeln. Die Linien sind nun auf der unteren Stofflage sichtbar, der Papierschnitt kann abgenommen werden.

Ein praktisches Hilfsmittel zum Markieren bei doppelter Stofflage ist ein Parallelkopierrad. Beim Übertragen von Schnittteilen zeichnet es die Naht- und Schnittlinien gleichzeitig auf den Stoff. Dazu besitzt es ein zweites, je nach Zugabenbreite verstellbares Rädchen, das die Zugaben automatisch im richtigen Abstand zur Nahtlinie markiert.

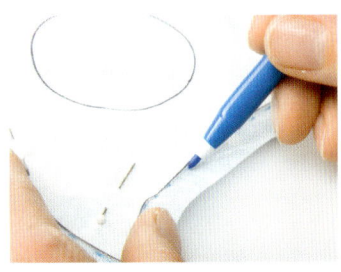

Beide Stofflagen nun wieder bündig mit Stecknadeln aufeinander stecken, ohne die markierten Linien zu treffen. Den Stoff umdrehen und erneut auf das Kopierpapier legen, so dass die bereits kopierten Linien oben liegen. Die Linien noch einmal nachrädeln, um sie auch auf die zweite, jetzt unten liegende Stofflage zu kopieren. Sollen bei zwei oder mehreren Stoffteilen gleichzeitig linke und rechte Seiten markiert werden, gelingt das Übertragen sehr exakt mit dem Durchschlagstich (siehe Seite 37). Diese Methode ist besonders bei dünnen und empfindlichen Stoffen empfehlenswert, bei denen das Kopieren nicht möglich ist.

Markierung auf der rechten Stoffseite

Markierungen wie Knopflöcher oder Aufsetzpunkte für Applikationen müssen auf die rechte Stoffseite übertragen werden, da sie später auch von dieser Seite gearbeitet werden. Bei doppelt gelegtem Stoff befinden sich die rechten Seiten immer innen. An den entsprechenden Stellen Stecknadeln durch den Papierschnitt und beide Stofflagen stechen. Dann die obere Stofflage zurückschlagen und jeweils beide Durchstichstellen mit Schneiderkreide oder Trickmarker anzeichnen.

Markierung bei einfacher Stofflage

Die Nahtlinie entlang der Papierkante mit Schneiderkreide oder Trickmarker aufzeichnen.

Um die Markierungen zu übertragen, an den entsprechenden Stellen Stecknadeln durch Papier und Stoff stechen, den Papierschnitt vorsichtig bis zur Nadel anheben und die Einstichstellen auf der linken Stoffseite markieren. Müssen sie auch auf der rechten Stoffseite sichtbar sein, einfach die Ausstichstellen ebenfalls markieren.

Besteht ein Schnitt aus vielen Einzelteilen, kennzeichnen Sie diese auf den linken Stoffseiten mit beschriftetem Klebeband. Das erleichtert die Übersicht und das benötigte Teil ist schnell gefunden.

Verstärken mit Vlieseline

In Schnitten und Anleitungen ist meist vorgegeben, welche Schnittteile mit welcher Art von Einlage versehen werden sollen. Aufbügelbare Einlagen sind hierbei am einfachsten zu handhaben. Sie besitzen eine gekörnte Klebeseite, die sich durch Bügeln mit dem Stoff verbindet, so dass nichts mehr verrutschen kann. Eine Bügelempfehlung ist bei den Vlieseline-Einlagen auf dem Kantendruck zu finden. Zuerst sollte eine Probe auf einem entsprechenden Stoffrest gemacht werden, um die Haftung zu prüfen.

Vlieseline zuschneiden

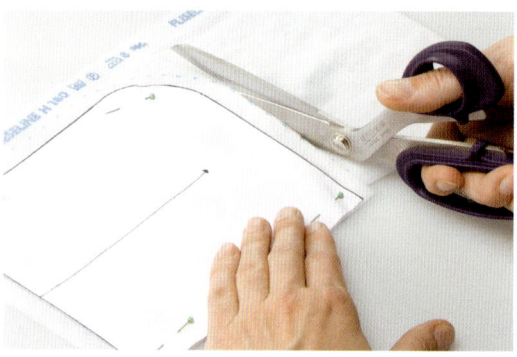

Zum Zuschneiden der Vlieseline die entsprechenden Papierschnittteile auf die Vlieseline stecken, dabei wie beim Stoff den Fadenlauf berücksichtigen. Für halbe Schnittteile die Vlieseline doppelt legen und das Schnittteil im Bruch feststecken. Dann alle Teile mit Nahtzugaben ausschneiden, diese jedoch knapper bemessen als beim Stoff. Dadurch wird vermieden, dass die Einlage über den Stoff hinausragt und Bügelbrett oder Bügeleisen verklebt. Beim Auflegen von asymmetrischen Schnittteilen darauf achten, dass die gekörnte Klebeseite später auf die linke Stoffseite aufgebracht wird. Werden die Schnittteile auf die gekörnte Seite aufgelegt, müssen sie also umgedreht und spiegelverkehrt zugeschnitten werden.

Vlieseline aufbügeln

Den Vlieselinezuschnitt mit der gekörnten Seite auf die linke Stoffseite legen und nach den Bügelempfehlungen aufbügeln. Dabei laut Herstelleranweisung Schritt für Schritt oder langsam gleitend vorgehen und an jeder Stelle einige Sekunden leicht aufdrücken. Die verstärkten Stoffteile vor der Weiterverarbeitung etwa 20 Minuten abkühlen lassen.

Schneiden Sie für kleine Stoffteile zuerst die Bügeleinlage dem Schnitt entsprechend mit großzügiger Nahtzugabe zu und bügeln Sie sie dann mit der gekörnten Klebeseite auf die linke Stoffseite. Anschließend den Papierschnitt wieder aufstecken und das Stoffteil mitsamt Vlieseline exakt ausschneiden.

Heften

Das Heften dient dazu, Stofflagen vorübergehend zusammen zu fixieren, damit sie beim Nähen nicht verrutschen können. Geheftet werden kann auf verschiedene Arten. Zuerst die zu heftenden Stoffteile rechts auf rechts zusammenlegen und darauf achten, dass die Kanten exakt aufeinander treffen. Dann mit Stecknadeln zusammenstecken. Anschließend kann zusätzlich noch mit einem Heftfaden geheftet werden. Dies ist vor allem bei Kleidungsstücken sinnvoll, um sie vor dem endgültigen Zusammennähen anprobieren zu können. Für einfachere Näharbeiten reicht mit etwas Übung das Fixieren mit Stecknadeln aber völlig aus.

Heften mit Stecknadeln

Stecknadeln in einem Abstand von ca. 5 cm quer, also im rechten Winkel zur Nahtlinie, so einstecken, dass sich der Einstich vor und der Ausstich hinter der Nahtlinie befindet. Bei geschwungenen Schnittformen müssen die Nadeln näher beieinander platziert werden. Dabei gilt: Je geschwungener die Form, desto enger die Abstände zwischen den Nadeln.

Heften von Hand

Die Stoffkanten mit Stecknadeln zusammenstecken. Heftfaden in eine große Handnähnadel einfädeln und dicht neben der Nahtlinie auf der Nahtzugabe Heftstiche nähen (siehe Seite 38). Dann die Stecknadeln entfernen.

Heften mit der Nähmaschine

Die Stoffkanten zuerst mit Stecknadeln zusammenstecken. An der Nähmaschine den Geradstich auf die größte Stichlänge einstellen, die Oberfadenspannung etwas reduzieren (siehe Seite 29) und entlang der Nahtlinie nähen (siehe Seite 30 „Einfache Naht").

Maschine vorbereiten

Ober- und Unterfaden einfädeln

Vor dem Einfädeln immer sicherstellen, dass der Nähfußheber oben steht und der Nähfuß angehoben ist. Dadurch
wird die Spannung der Spannscheiben gelöst und der Faden lässt sich leichter durch die Nadel führen. Das Handrad
entgegen dem Uhrzeigersinn drehen, bis die Nadel in der
höchsten Stellung und der Fadenhebel sichtbar ist. Ober-
und Unterfaden laut Bedienungsanleitung in die Nähmaschine einfädeln und beide Fäden zusammen ca. 10-15 cm
nach hinten oder auf eine Seite der Maschinennadel ziehen.
Gewünschte Stichart, Stichlänge und Stichweite einstellen.
Das Stoffteil unter die Nadel legen, das Handrad entgegen
dem Uhrzeigersinn drehen, bis die Nadel am Anfang der
Nahtlinie einsticht, dann den Nähfuß senken.

Wenn Sie als Nähanfänger noch unsicher sind,
probieren Sie die ersten Maschinenstiche am
besten auf kariertem Papier aus. Nähen Sie dazu
ohne Ober- und Unterfaden einzufädeln entlang
der Linien. Markieren Sie sich Punkte für Ecken
und Kurven, an denen Sie Stoppen und Starten
üben können. Sobald Sie ein gutes Gefühl für die
Handhabung Ihrer Nähmaschine entwickelt haben, fädeln Sie die Maschine ein und wiederholen Sie die Übungen auf einem Stoffrest.

Stich und Spannung einstellen

Stichart und Stichlänge

Die gewünschte Stichart wählen und die richtige Stichlänge einstellen. Die Stichlänge für den Geradstich beträgt
normalerweise 2,5 mm, sie muss jedoch immer auf das zu
verarbeitende Material abgestimmt werden. Für leichte
und feine Stoffqualitäten am besten eine Stichlänge von
1,5-2 mm wählen, für mittlere Qualitäten 2,5-3 mm und
für schwere Qualitäten 3-4 mm.

Stichweite

Der Abstand zwischen der rechten und der linken Einstichstelle wird als Stichweite oder Stichbreite bezeichnet. Wichtig ist sie z. B. beim Zickzackstich. Beim Geradstich steht sie
auf 0, da in einer geraden Linie genäht wird.

Fadenspannung

Beim Nähen mit der Nähmaschine wird grundsätzlich mit
zwei Fäden gearbeitet: Der Oberfaden wird als komplette
Garnrolle auf den Garnrollenhalter gesetzt und durch die
Nadel gefädelt, der Unterfaden muss zuvor auf eine Spule
aufgespult und dann unter dem Nähfuß in das Spulengehäuse eingesetzt werden. Beim Nähen verschlingen sich
diese beiden Fäden miteinander und bilden so die Naht.
Damit die Stiche schön gleichmäßig erscheinen muss die
Spannung von Ober- und Unterfaden richtig eingestellt
sein. Viele moderne Nähmaschinen regulieren diese automatisch. Bei einigen Maschinen wird die Spannung in Zah-
lenwerten angegeben. Die normale Einstellung für die
Oberfadenspannung liegt hier bei 4 bis 5, für Sticken und
Knopflochnähen sollte 2 und 3 gewählt werden. Diese Wer-
te können aber je nach Maschine variieren. Einstellrad oder
-hebel können statt Zahlen auch eine Skala mit Plus- und
Minuszeichen haben. Bei sehr dünnen Stoffen wird die
Spannung meist leicht verringert, bei dickeren etwas erhöht. Häufig ist schlechtes Garn die Ursache für Unregelmäßigkeiten im Nahtbild. Daher sollte vor Veränderung der
Fadenspannung zunächst neues Polyestergarn eingefädelt
werden um zu prüfen, ob die Naht damit bereits besser aus-
sieht. Bei Problemen immer erst die Oberfadenspannung
prüfen, an der Unterfadenspannung ist seltener eine Kor-
rektur erforderlich. Beim Einstellen der Oberfadenspannung muss der Nähfuß gesenkt sein.

Oberfadenspannung prüfen

KORREKT

Ober- und Unterfaden verschlingen sich zwischen den Stofflagen, so dass die Knötchen nicht zu sehen sind und die Stiche auf der Ober- und Unterseite gleichmäßig erscheinen. Die kleinstmögliche Oberfadenspannung erzielt den schönsten Geradstich.

ZU SCHWACH

Zu geringe Spannung führt zu einem losen Stich mit Schlaufen. Die Knötchen der Ober- und Unterfadenverschlingung sind auf der unteren Stoffseite sichtbar.

ZU STARK

Zu hohe Spannung verursacht einen zu engen Stich bzw. eine Kräuselnaht, die sich zusammenzieht. Die Knötchen der Ober- und Unterfadenverschlingung sind auf der oberen Stoffseite sichtbar.

Ein identisches Nahtbild auf Ober- und Unterseite wird normalerweise nur beim Geradstich erzielt. Bei Ziernähten und Knopflöchern sollte die Oberfadenspannung etwas reduziert werden, so dass die Verknotungen auf der Unterseite sichtbar sind.

Unterfadenspannung prüfen

Bei Nähmaschinen mit Spulenkapseln zur Kontrolle der Unterfadenspannung die volle Spule in die Kapsel einlegen, den Faden durch den Schlitz und unter die Feder ziehen. Dann das Fadenende festhalten und ruckartig nach oben bewegen – dabei muss die Spulenkapsel langsam bzw. stufenweise nach unten gleiten. Bewegt sich die Kapsel nicht oder zu schnell, muss die Spannung neu eingestellt werden.

Die Spannung des Unterfadens kann durch Drehen der Einstellschraube reguliert werden. Drehen im Uhrzeigersinn erhöht die Spannung, Drehen gegen den Uhrzeigersinn reduziert sie.

Einfache Naht

Naht sichern

Damit eine Naht später nicht aufgehen kann, sollten Naht-anfang und -ende mit einigen Rückstichen gesichert wer-den. Dies nennt man auch Verriegeln. Bei Gerad- und Zick-zackstichen einige Stiche nähen, auf die Rückwärtstaste drücken, 3 bis 5 Stiche zurück nähen, dann die Taste lösen und wieder vorwärts nähen. Am Nahtende wieder einige Stiche rückwärts und dann erneut vorwärts bis zum Ende nähen. Bei Zier- und sonstigen Stichen sollten Anfang und Ende mit Geradstichen gesichert werden, da die Naht an diesen Stellen sonst zu dick wird. Vor dem Nahtende lang-samer nähen, um nicht darüber hinaus zu geraten. Manche Nähmaschinen besitzen eine Riegeltaste, bei deren Betäti-gung die Naht automatisch mit einigen Stichen verriegelt wird.

Nähte lassen sich auch durch Verknoten von Ober- und Un-terfaden sichern. Dafür den Oberfaden auf die linke Stoff-seite ziehen, beide Fäden zur Schlaufe legen und die Enden hindurch führen. Den Knoten dicht am Stoff festziehen, die überstehenden Fadenenden abschneiden.

Am Ende einer Naht immer den Fadenhebel mit dem Handrad in die höchste Stellung bringen. Den Nähfuß heben und die Fäden ca. 10 cm vom Nähfuß entfernt abschneiden. Wird der Faden zu dicht an der Nadel abgeschnitten, kann er beim nächsten Nähstart leicht aus der Nadel gleiten.

Einfache Naht

Normalerweise wird durch Betätigung des Fußpedals ge-näht. Je mehr Druck dabei auf das Pedal ausgeübt wird, desto schneller näht die Maschine. An Stellen, an denen sehr exakt genäht werden muss, kann die Nadel aber auch langsam durch Drehen des Handrads bewegt werden. Um Stichlänge und Fadenspannung zu überprüfen ist eine Nahtprobe auf einem doppelt gelegten Stoffrest sinnvoll. Den Stoff beim Nähen weder ziehen noch schieben, son-dern nur leicht mit der Hand führen, um eine gerade Naht zu erhalten. Je nach Breite der Nahtzugabe kann dabei die Maßeinteilung auf der Stichplatte als Orientierung dienen. Die Linien sind durch Zahlen markiert, die den Abstand zwischen der Stoffkante und der zentrierten Nadel, also der späteren Naht, angeben. Sind die Stoffteile mit Faden zusammengeheftet, nicht direkt auf der Heftlinie, sondern dicht daneben nähen. So lässt sich anschließend der Heft-faden leichter entfernen. Wurde mit der Maschine gehef-tet, nach dem Nähen den Unterfaden der Heftnaht heraus-ziehen. Mit dem Gerad- bzw. Steppstich die rechts auf rechts gelegten Stoffkanten entlang der markierten Nahtlinie zu-sammennähen. Wurde keine Nahtlinie angezeichnet, mit einem Abstand zum Schnittrand in Breite der Nahtzugabe nähen. Dabei die Stecknadeln kurz vor dem Nähfuß her-ausziehen.

Wenn Ecken und Kurven genäht werden, muss der Nähvor-gang manchmal unterbrochen werden. Dann ist es sinnvoll, die Nadel per Handrad in den Stoff zu stechen, oder, falls vorhanden, den automatischen Nadelstopp im Stoff zu wäh-len. So ist garantiert, dass die Naht später ohne Verschie-bung fortgesetzt werden kann.

Eine einfache Naht mit Geradstich nähen bezeichnet man auch als „Steppen".

Ecken nähen

Kurz vor einer Ecke langsamer nähen. Exakt in der Ecke stoppen, die Nadel bleibt im Stoff. Den Nähfuß hochstellen, das Stoffteil in die neue Richtung drehen, dann den Fuß wieder senken und weiter nähen.

Kurven nähen

Bei leichten Kurven langsam nähen. Vor einer engen Kurve stoppen, die Nadel bleibt im Stoff. Den Nähfuß hochstellen, das Stoffteil etwas weiter drehen, den Fuß wieder senken und ein bis zwei Stiche per Handrad nähen. Diesen Vorgang bis zum Kurvenende wiederholen, dann normal weiter nähen. Bei sehr engen Rundungen für diesen Nahtabschnitt einen kürzeren Geradstich einstellen.

Ecken und Kurven nähen ist nicht ganz einfach und erfordert etwas Erfahrung. Üben Sie solche Nähte am besten an einigen Probestücken, bevor Sie sich an ein Modell wagen.

Naht auftrennen

Besonders bei Anfängern ist es ganz normal, dass Teile einmal nicht korrekt zusammengenäht werden oder eine Naht nicht an der richtigen Stelle sitzt. Dann bleibt leider nichts anderes übrig, als die Naht aufzutrennen und den Faden zu entfernen.

Dazu mit der Spitze des Nahttrenners auf der linken Stoffseite den Unterfaden anheben und mit der Schneide durchtrennen. Auf einer Länge von etwa 5 cm in kurzen Abständen auf diese Weise Stiche durchschneiden.

Das Stoffteil wenden und mit dem Oberfaden genauso verfahren. Den Vorgang wiederholen, bis die komplette Naht aufgetrennt ist. Fadenreste eventuell mithilfe einer Pinzette aus dem Stoff zupfen.

Nahtzugaben beschneiden

Nahtzugaben zurückschneiden

Vor allem bei sehr kleinen und schmalen Schnittteilen, z. B. bei Stofftierchen oder Püppchen, können die Nahtzugaben im gewendeten Zustand sehr auftragen und eine gute Ausformung verhindern. Daher kann es erforderlich sein, sie bis 3-4 mm vor der Nahtlinie abzuschneiden. Dabei aber immer genügend Zugabe lassen, um ein Auflösen der Naht zu vermeiden.

Nahtzugaben einschneiden

Bei Rundungen und Ecken die Nahtzugaben einschneiden bzw. einkerben, sie passen sich dadurch besser an die Form an. Dafür eine Schere mit scharfer Spitze verwenden und nie näher als ca. 2 mm an die Nahtlinie heran schneiden.

Innenrundungen

Die Nahtzugaben im rechten Winkel zur Nahtlinie einschneiden. Je enger die Kurve, desto mehr Einschnitte sind erforderlich.

Außenrundungen

Die Nahtzugaben einkerben. Effektiver als wenige große Kerben sind mehrere kleine.

Innenecken

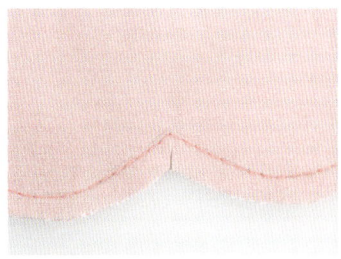

Einmal bis kurz vor die Nahtlinie einschneiden, um die Nahtzugaben einschlagen zu können.

Außenecken

Die Nahtzugaben schräg abschneiden, damit sie in den gewendeten Ecken nicht auftragen.

Naht bügeln

Sind die Bügelempfehlungen für einen Stoff nicht bekannt, auf jeden Fall eine Probe auf einem Stoffrest machen. Die Nähte jeweils nach den einzelnen Arbeitsschritten von links bügeln, zuvor Markierfarben entfernen. Die Nahtzugaben zuerst zusammen flachbügeln, dann auseinanderbügeln. Verstürzte bzw. gewendete Stoffteile von rechts in Form bügeln, dabei darauf achten, dass die Nähte genau an den Kanten liegen. Für schmale oder röhrenförmig geschlossene Stoffteile ist ein Ärmelbrett unentbehrlich.

Kanten versäubern und absteppen

Versäubern mit dem Zickzackstich

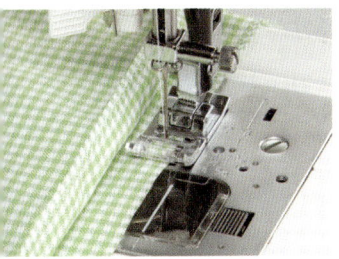

Die gebräuchlichste Methode, Nahtzugaben vor dem Ausfransen zu schützen ist das Versäubern der Schnittkanten mit dem Zickzackstich. Stichbreite und -länge sollten hierbei sorgfältig auf das verwendete Material abgestimmt und am besten zuvor an einem Stoffrest ausprobiert werden. Für stark fransende Stoffe eignen sich breite Stiche in kurzem Abstand, für wenig fransende Stoffe schmale Stiche in größerem Abstand. Den Zickzackstich nahe der Stoffkante nähen, jedoch nicht darüber hinaus. Dann die überstehende Stoffkante vorsichtig dicht neben den Stichen abschneiden. Normalerweise werden die Nahtzugaben aller Teile einzeln versäubert, schmale Zugaben, z. B. bei Beuteln und Taschen, können manchmal aber auch zusammen versäubert werden. Dabei kann der Stich auch über die Kanten hinaus stechen.
Bei dehnbaren Stoffen wird der Elastikstich eingesetzt. Dabei die Stoffkante so führen, dass die Nadel einmal in den Stoff und einmal dicht neben der Kante einsticht.

Versäubern mit der Zackenschere

Bei Webstoffen lassen sich die Kanten in einfacher Stofflage schnell mit einer Zackenschere versäubern, für Strickstoffe ist diese Methode jedoch nicht geeignet. Darauf achten, dass bei jedem Neuansatz die erste neue Zacke gleichmäßig und ohne Unterbrechung an der letzten Zacke ansetzt.

Absteppnaht

Das Absteppen erfolgt auf der rechten Stoffseite und dient sowohl zur Verzierung als auch zum Flachhalten von Nahtzugaben, damit diese später nicht abstehen. Dafür auf der linken Stoffseite die versäuberten Nahtzugaben auf die Seite bügeln, die danach abgesteppt werden soll. Nun die Naht im Gerad- bzw. Steppstich auf der rechten Stoffseite parallel zur vorher gearbeiteten Naht nähen.
Häufig finden sich in Anleitungen die Begriffe füßchenbreit, schmal- oder knappkantig absteppen. Füßchenbreit bedeutet, dass z. B. eine eingeschlagene Stoffkante oder eine bereits vorhandene Naht exakt entlang der rechten Nähfußkante geführt wird. Der Abstand zwischen Steppnaht und Kante oder vorheriger Naht beträgt also die halbe Fußbreite (= 7,5 mm). Beim knappkantigen Absteppen parallel und ca. 1 mm neben der Kante oder Naht entlang nähen, beim schmalkantigen Absteppen ca. 2 mm.

Säume nähen

Säume sind offene Kanten, die nach innen eingeschlagen und dann festgenäht werden. Ihre Verarbeitung hängt vor allem vom Material und der Schnittform, aber auch von der gewünschten Optik ab. Je nachdem, welcher Stich gewählt wird, ist die Naht auf der rechten Stoffseite sichtbar oder unsichtbar. Schmale Säume eignen sich für feine Stoffe, breite Säume für dickere und schwere Qualitäten. Zum Einhalten der exakten Saumzugabe beim Nähen ist der Einsatz eines Führungslineals oder eines magnetischen Kantenführers sehr hilfreich.

Einfacher und doppelter Saum

Einfache und doppelte Säume werden am häufigsten gearbeitet, weil sie stabil, schnell genäht und fast überall einsetzbar sind. Sie unterscheiden sich lediglich durch die Breite der eingeschlagenen Saumzugabe. Beim einfachen Saum ist die erste eingeschlagene Zugabe schmaler als der Saum selbst, bei einem doppelten Saum wird zweimal die gesamte Saumbreite eingeschlagen. Die Saumbreite kann dabei je nach gewünschter Optik und Verwendungszweck variieren. Die Fotos zeigen einen einfachen Saum mit 2 cm fertiger Breite.

Offenkantiger Saum

Ein offenkantiger Saum eignet sich für Stoffkanten, die nur geringen Belastungen ausgesetzt sind. Dafür die Schnittkante zuerst mit Zickzackstich versäubern. Dann die Saumzugabe nach links umlegen und feststecken. Anschließend mit Geradstich absteppen.

Dafür zwei Linien im Abstand von 2 cm und 5 cm parallel zur Stoffkante einzeichnen.

Nun den Einschlag 1 cm breit nach links umbügeln, so dass die Kante an der ersten Linie anstößt. Dann die Saumzugabe 2 cm breit zur zweiten Linie hin umbügeln.

Den Saum mit Stecknadeln quer zur Nahtlinie feststecken und schmalkantig zur oberen Saumkante absteppen.

Möchte man einen doppelten Saum mit 2 cm Breite nähen, so sind dafür zwei Linien im Abstand von 2 cm und 6 cm notwendig. Im ersten Schritt wird der Einschlag 2 cm zur ersten Linie nach innen gebügelt, im zweiten Schritt noch einmal 2 cm zur zweiten Linie. Der Stoff liegt nun über die gesamte Saumbreite dreilagig.

Abgekurbelter Saum

Mit Abkurbeln bezeichnet man das Nähen mit dicht eingestelltem Zickzackstich. Schnittkanten von sehr dünnen Stoffen sowie einfache Rüschen aus feinen Stoffen werden häufig abgekurbelt.

1 Die Saumzugabe nach links umbügeln. Dann von der rechten Stoffseite aus die Zugabe quer zur Kante feststecken und mit dicht eingestelltem Zickzackstich über den Stoffbruch nähen.

2 Auf der linken Seite die überstehende Stoffkante vorsichtig dicht neben den Stichen abschneiden.

Eingefasster Saum

Beim Einfassen wird ein Band, z. B. fertig gefalztes Schrägband, um die Stoffkante gelegt und festgenäht.

1 Das Band auffalten, eine Längsseite mit der rechten Band- auf die linke Stoffseite bündig an die Schnittkante stecken, dann im Bügelfalz, also eine Viertel-Bandbreite von der Kante entfernt, feststeppen. Die Naht bügeln.

2 Das Band mit eingeschlagener Falzkante um die Stoffkante zur rechten Seite umlegen, sodass die erste Naht verdeckt ist, und knappkantig feststeppen. Bleiben die Bandenden sichtbar, werden sie vor dem Aufstecken des Bandes nach innen eingeschlagen und gebügelt.

Saum mit Band

Farbige Paspelbänder, Zackenlitzen oder Spitzen geben jedem Saum das gewisse Etwas. Vor allem runde Kanten lassen sich schnell mit elastischen Bändern säumen.

1 Das gewünschte Band rechts auf rechts an der Schnittkante entlang feststecken oder anheften, dann mit Zickzack- oder Overlockstich annähen.

2 Nun das Band nach unten umklappen und die Naht bügeln. Auf der rechten Seite den Stoffrand so absteppen, dass dabei das Band fixiert wird. Zum Annähen von Paspeln den Reißverschlussfuß verwenden, er ermöglicht ein Steppen dicht entlang der Paspelkante.

Handstiche

Nähen und Sticken ergänzen sich wunderbar: Selbst genähte Heimtextilien und Accessoires lassen sich mit gestickten Zierstichen ganz nach Geschmack individuell abrunden. Zum Arbeiten von Hand werden je nach Stoffqualität und Verwendungszweck schlichte Nähgarne oder effektvolle Stick- und Applikationsgarne verwendet. Diese Garne sind aus Natur- oder Kunstfasern wie Baumwolle, Seide, Acryl und Polyester hergestellt. Für auffällige Dekorationen eignen sich auch Kordeln und dünne Bänder. Je dicker das Garn für eine Ziernaht gewählt wird, umso plastischer erscheint diese. Kurze Stiche erzeugen eine haltbarere Naht als lange. Nach jedem Stich sollte der Faden gleichmäßig festgezogen werden, sodass er weder zu fest noch zu lose liegt und sich dem Stoff anpasst.

Handnähnadel einfädeln

Den Faden in der gewünschten Länge mit einer scharfen Schere von der Garnrolle abschneiden. Er sollte jedoch nicht länger als ca. 60 cm sein, weil er sich sonst schnell verknoten kann. Ein Fadenende in die geeignete Stick- oder Handnähnadel einfädeln und etwa ein Viertel der Länge durchziehen. Das Einfädeln gelingt leichter, wenn der Faden schräg abgeschnitten und das Ende angefeuchtet wird. Alternativ kann auch ein Nadeleinfädler zu Hilfe genommen werden.

Dezent und edel wirken Stickereien, wenn Sie ein Garn in der Stofffarbe oder in einer leichten Schattierung verwenden. Eine Kontrastfarbe hingegen setzt freche und lebhafte Akzente.

Nahtanfang

Damit der Faden nicht aus dem Stoff herausrutschen kann, am langen Fadenende einen Knoten schlingen. Dafür zuerst eine Schlaufe legen und das Ende hindurch ziehen. Mit der Nadel von unten nach oben durch den Stoff stechen, so dass der Knoten auf der linken Stoffseite liegt. Die meisten Nähte werden mit einem Knoten begonnen, bei sehr dünnen Stoffen sind jedoch zwei übereinander liegende Rückstiche geeigneter (siehe Seite 39).

Nahtende

Auch das Fadenende wird mit einem Knoten gesichert. Dafür eine Schlaufe über die Nadel legen und diese durchziehen, sodass ein Knoten entsteht. Alternativ ein bis zwei kleine Rückstiche arbeiten (siehe Seite 39). Das überstehende Fadenende abschneiden.

Durchschlagstich

Das Durchschlagen ist eine sehr präzise Methode, um Schnittkonturen und Markierungen gleichzeitig auf rechte und linke Seiten von zwei oder mehreren Stoffteilen zu übertragen.

1 Zunächst den Schnitt wie bei doppelter Stofflage übertragen (siehe Seite 25). Statt die zuerst kopierten Linien ein weiteres Mal nachzurädeln, werden nun entlang dieser Linien mit doppeltem Faden Stiche durch alle Stofflagen genäht. Dafür eine gut sichtbare Garnfarbe wählen und wie beim Heftstich (siehe Seite 38) einmal von oben nach unten und ein Stück weiter von unten nach oben durch den Stoff stechen. An geraden Linien normale, in Rundungen kürzere Stiche arbeiten. Dabei den Faden nicht straffziehen, sondern auf der Oberseite je nach Stoffdicke ca. 1,5-2,5 cm hohe Schlingen stehen lassen.

2 Die Stofflagen vorsichtig auseinander ziehen und die Fäden dazwischen durchschneiden, sodass in jeder Lage Garnfransen hängen bleiben. Nun sind alle Stofflagen auf beiden Seiten markiert. Nach dem Heften der Stoffteile die Fransen eventuell mithilfe einer kleinen Pinzette entfernen.

Je nach Stoffqualität ist zum Durchschlagen das dickere, raue Reihgarn, auch Heftzwirn genannt, erforderlich, weil es nicht so schnell aus dem Stoff herausrutscht. Für dünne und empfindliche Stoffe Nähgarn und eine dünne Nadel verwenden.

Heft-/Vorstich

Zum Heften einen speziellen Heftfaden in eine große Handnähnadel einfädeln. Die Nadel wird wie beim Weben gleichmäßig einmal von oben nach unten und dann ein Stück weiter von unten nach oben durch den Stoff gestochen. Heftstiche sind in der Regel ca. 5-10 mm lang, die Zwischenräume meist kürzer. Der Stich kann aber auch auf beiden Stoffseiten gleich lang sein. Wenn die Heftnaht nicht mehr gebraucht wird, lässt sich der Faden leicht wieder heraus ziehen. Der Vorstich wird wie der Heftstich genäht, die Stiche sind jedoch kürzer. Er eignet sich zum Kräuseln (ohne Sichern von Nahtanfang und -ende), zur Betonung von Konturen, oder, mit Stickgarn gearbeitet, als Zierstich für Kanten und Bordüren.

Hexenstich

Der Hexenstich wird häufig zum Aufnähen von Bordüren sowie Zacken- und Bogenlitzen mit Stickgarn verwendet. Bei dicken und elastischen Stoffen kann mit diesem Stich auch der Saum schnell befestigt werden, dabei wird von links nach rechts über die Kante gearbeitet. Die kurzen Vorstiche, je nach Stoffstärke 2-4 mm lang, parallel zur Kante und gegen die Nährichtung jeweils oben und unten schräg versetzt arbeiten. Den Faden nicht zu fest anziehen.

Neben den hier vorgestellten wichtigsten Grundstichen gibt es noch viele weitere sehr hübsche Zierstiche, die von Hand gearbeitet werden. Zierstiche müssen nicht völlig akkurat ausgeführt werden. Kleine Unregelmäßigkeiten verleihen der Stickerei ihren ganz eigenen, verspielten Charme.

Langettenstich

Der Langettenstich, auch Feston- oder Schlingstich genannt, eignet sich zum dekorativen Einfassen von Schnittkanten und wird gerne angewendet, um Applikationen oder Bänder aufzunähen. Die Nadel einige Millimeter von der Kante entfernt in den Stoff stechen und rechtwinklig zur Kante führen. Den Faden unterhalb der Kante halten und die Nadel über dem Faden durchführen, sodass sich beim Herausziehen eine Schlinge bildet. Den Faden so anziehen, dass er an der Schnittkante anliegt. Fortlaufend wiederholen. Die Einfassung wirkt abwechslungsreicher, wenn jeder zweite Stich kürzer gearbeitet wird.

Rückstich

Mit dem Rückstich gelingt eine stabile Handnaht. Er wird häufig für Konturen und Linien verwendet. Auf der Rückseite sind die Stiche doppelt so lang wie auf der Vorderseite. Von unten nach oben durch den Stoff stechen. Die Nadel eine halbe Stichlänge hinter der Ausstichstelle in den Stoff einstechen und eine halbe Stichlänge vor der Ausstichstelle wieder nach oben führen. Ab jetzt ist die Einstichstelle beim Zurückstechen immer die Ausstichstelle des vorherigen Stiches. Fortlaufend wiederholen.

Staffierstich

Der Staffierstich ist bei Verwendung eines Fadens Ton-in-Ton kaum sichtbar und eignet sich daher besonders gut zum Zusammennähen von zwei eingeschlagenen Stoffkanten, z. B. an einer offenen Nahtstelle, die von innen schwer zugänglich ist. In der Bruchkante des gefalteten Stoffes ausstechen, dann die Nadel direkt gegenüber in den Stoff stechen und nach Stichlänge ausstechen. Den nächsten Stich wieder direkt gegenüber in die Bruchkante einstechen, durchführen und ausstechen. Auf diese Weise abwechselnd durch Stoff und Bruchkante arbeiten. Auch eine Applikation kann mit diesem Stich aufgenäht werden.

Knopf und Knopfloch

Maschinenknopfloch

Ein Knopfloch sollte etwa 2 mm länger sein als der Durchmesser des Knopfes. Es besteht aus zwei Längsnähten in Raupenstichen, das sind sehr enge Zickzackstiche, und zwei Querriegeln an den Enden. Die Stichlänge für die Riegel ist immer doppelt so lang wie für die Raupen. Eventuell muss die Oberfadenspannung etwas verringert werden.

1 Länge und Lage des Knopfloches auf die rechte Stoffseite zeichnen. Einen 2-3 mm breiten, dichten Zickzackstich einstellen. Per Handrad die Maschinennadel in die linke Position bringen und links, am Beginn der ersten Längsraupe, in den Stoff führen. Nun die erste Raupe in der entsprechenden Länge nähen. Am Ende der Raupe die Nadel rechts im Stoff belassen.

2 Den Nähfuß anheben, den Stoff um 90° drehen und den Nähfuß wieder senken. Die Nadel in die obere Position bringen, die Stichbreite verdoppeln und für den Querriegel 4-6 Stiche nähen. Links stoppen und die Nadel im Stoff belassen.

4 Den Stoff erneut drehen und die Nadel anheben. Wieder die doppelte Stichbreite einstellen und den zweiten Querriegel nähen. Dann die Stichbreite auf 0 stellen und zum Sichern von Anfangs- und Endfaden einige Stiche auf der Stelle nähen. Alle Fäden auf die linke Seite ziehen und vernähen.

3 Den Stoff nochmals um 90° drehen, die Nadel in die obere Position bringen und die Stichbreite erneut auf 2-3 mm einstellen. Die zweite Längsraupe dicht neben der ersten nähen, dabei aber darauf achten, dass sich die Stiche der beiden Raupen nicht überschneiden. Am Ende links stoppen und die Nadel im Stoff belassen.

5 Innerhalb des Knopfloches vor die Riegel zum Schutz je eine Stecknadel stecken und das Knopfloch mit einer spitzen, kleinen Schere oder dem Nahttrenner aufschneiden. Die Stecknadeln entfernen.

Knöpfe annähen

Sorgfältig ausgesuchte Knöpfe können einem Nähmodell interessante Akzente verleihen. Sie können mit der Hand oder der Nähmaschine befestigt werden. Vor dem Aufnähen sollten die Knöpfe probeweise aufgelegt und ihre Position markiert werden.

Flache Durchnähknöpfe mit 2-4 Löchern, die leicht auf- und zuknöpfbar sein müssen, sollten mit einem Fadensteg bzw. Stiel gearbeitet werden. Bei Stegknöpfen ist dies nicht erforderlich, da die Öse auf der Rückseite bereits als Abstandhalter dient. Reine Zierknöpfe können ganz flach aufgenäht werden.

Von Hand

1 Den Nähfaden in die Handnähnadel einfädeln, bis zur Hälfte durchziehen und beide Enden miteinander verknoten. Die Nadel von rechts durch den Stoff stechen und den Faden bis zum Knoten durchziehen. Dann 2-3 mm daneben wieder von unten nach oben ausstechen, die Nadel durch den Knopf führen und durch das zweite Loch zurück stechen. Wird ein Steg benötigt, ein Streichholz oder einen Zahnstocher als Abstandhalter zwischen den Löchern auflegen, bevor der Faden angezogen wird. Einige weitere Stiche nähen, dann die Nadel zwischen Stoff und Knopf ausstechen.

2 Den Abstandhalter entfernen und die Fäden zwischen Knopf und Stoff dicht mit dem Faden umwickeln, um den Steg zu stabilisieren. Das Fadenende zum Sichern durch den Stiel nach oben ziehen und abschneiden.

Mit der Maschine

Den Knopfannähfuß einsetzen und den Zickzackstich mit Stichlänge 0 einstellen. Beim Knopf den Abstand von Lochmitte zu Lochmitte exakt ausmessen und die Stichbreite entsprechend einstellen. Die Nadel in die linke Position bringen und per Handrad durch das linke Knopfloch stechen. Den Fuß absenken und einige Stiche in beide Löcher nähen. Zuletzt die Stichbreite auf 0 stellen und zum Sichern der Fäden einige Stiche in das gleiche Loch nähen. Den Oberfaden zur Rückseite führen, mit dem Unterfaden verknoten und die Enden abschneiden.

Auch hier kann ein Abstandhalter aufgelegt werden. Diesen nach dem Annähen des Knopfes entfernen und Ober- und Unterfaden ca. 15-20 cm lang abschneiden. Beide in eine Handnähnadel einführen, den Steg zwischen Knopf und Stoff fest umwickeln und die Fäden zum Sichern nach oben durchziehen.

> Damit Knöpfe und Knopflöcher später perfekt zusammenpassen, können Sie die richtige Position der Knöpfe wie folgt ermitteln: Die Verschlusskante mit den Knopflöchern links auf rechts auf die Knopfleiste legen. Eine Stecknadel mittig durch jedes Loch stecken und die Einstichstelle mit Schneiderkreide oder Trickmarker einzeichnen.

Stoffstreifen wenden

Schmale Stoffstreifen oder -schläuche, wie z. B. Taschenhenkel, Bindebänder und Vorhangschlaufen, müssen nach dem Aufeinandersteppen der langen Seiten gewendet werden. Werden später beide Enden des Streifens in eine Naht eingefasst, müssen die Nahtzugaben an den Schmalseiten zuvor nicht zusammengenäht werden.

1 Zwei Streifen in beliebiger Breite und mit 7 mm breiten Nahtzugaben auf die linke Stoffseite zeichnen. Falls gewünscht, an einer Schmalseite mithilfe des Geodreiecks eine Spitze aufzeichnen. Die Teile ausschneiden. Für eine leichte Wattierung einen Streifen mit gleichen Maßen aus Volumenvlies H 630 zuschneiden.

2 Den Vliesstreifen auf die Rückseite eines der beiden Stoffstreifen legen und bei mittlerer Temperatur und mit Dampf aufbügeln. An jeder Stelle das Bügeleisen ca. 15 Sekunden aufdrücken. Die Stoffstreifen rechts auf rechts aufeinander legen und mit Stecknadeln zusammenstecken.

3 Den Streifen entlang der Längsseiten und einer Schmalseite bzw. der Spitze füßchenbreit zusammensteppen. Die Nahtzugaben aus- bzw. schräg abschneiden (siehe Foto).

4 Die Wendenadel in den Streifen schieben, am anderen Stoffende einhaken und das Häkchen schließen.

5 Dann die Nadel durch den Stoff zurück ziehen und so den Streifen wenden.

6 Den Streifen glatt bügeln. Dabei darauf achten, dass die Nähte genau an den Kanten liegen. Falls gewünscht, die geschlossenen Kanten absteppen.

Haben Sie keine speziellen Wendeutensilien zur Hand, können Sie auch eine Sicherheitsnadel verwenden. Nach dem Nähen des Streifens die Fäden lang abschneiden. Ein Fadenende durch die Sicherheitsnadel fädeln, dann beide Enden fest zusammenknoten. Die Nadel durch den Streifen schieben und ihn so wenden.

Wende-Set

Mit einem Wende-Set können auch sehr schmale Streifen einfach und schnell gewendet werden. Das Set beinhaltet drei Plastikröhren in verschiedenen Größen mit jeweils passendem Holz- oder Metallstab. Mit der kleinen Röhre lassen sich Breiten von 9,5-16 mm wenden, mit der mittleren Röhre Breiten von 19-25 mm und mit der großen Röhre Breiten ab 25 mm.

1 Eine Schmalseite des Stoffstreifens und die Längsseiten schließen.

2 Die passende Plastikröhre in den Streifen schieben. Den Stab an der geschlossenen Schmalseite ansetzen, sodass er auf die innen liegende Röhrenöffnung trifft. Nun den Stab durch die Röhre schieben und dabei den Stoffstreifen wenden.

Applizieren

Applikationen sind fertig gekaufte oder selbst gemachte Stoffmotive, die mit der Maschine oder von Hand, z. B. mit Langettenstichen, auf Näharbeiten aufgenäht werden. Sie eignen sich hervorragend zur Dekoration oder zum hübschen Kaschieren defekter Stellen. Besonders schnell und einfach geht das Applizieren mit Vliesofix-Haftvlies, das zwei Stoffe durch Bügeln miteinander verbindet. So können ein Verrutschen des Motivs beim Aufnähen sowie Faltenbildung verhindert werden. Das Motiv kann zuvor auf die spezielle Papierbeschichtung des Haftvlieses übertragen werden. Es ist empfehlenswert, beim Bügeln ein dünnes Tuch oder Backpapier zwischen Vliesofix und Bügeleisen zu legen, damit nichts am Eisen haften bleibt.

1 Das Muster auf die Vliesofix-Papierseite legen und, falls nicht anders angegeben, mit Bleistift oder Kugelschreiber ohne Nahtzugabe übertragen. Bei asymmetrischen Motiven, wie z. B. bestimmten Buchstaben und Zahlen, darauf achten, dass sie spiegelverkehrt aufgezeichnet werden, damit sie später richtig erscheinen. Das Motiv großzügig ausschneiden und mit der rauen Klebeseite auf die linke Seite des Applikationsstoffes legen. Dabei den Fadenlauf beachten. Nun das Motiv mit mittlerer Temperatur ca. 5 Sekunden trocken aufbügeln und abkühlen lassen.

2 Dann das Motiv exakt entlang der Außenkonturen ausschneiden und die Papierschicht vom Vliesofix abziehen.

3 Nun das Motiv umdrehen und mit der beschichteten Fläche nach unten auf den gewünschten Stoffuntergrund legen. Bei niedriger bis mittlerer Temperatur und mit Dampf ca. 10 Sekunden aufbügeln. Das Bügeleisen dabei nicht schieben, sondern immer wieder abheben und schrittweise aufdrücken.

4 Das Motiv entlang der Schnittkanten mit einem kleinen und eng eingestellten Zickzackstich aufnähen und darauf achten, dass die Kanten gleichmäßig schön umschlossen und überdeckt werden. Zum Sichern der Naht keine Rückstiche nähen, sondern den Oberfaden auf die Rückseite ziehen und mit dem Unterfaden verknoten.

Dient die Applikation als Flicken für eine schadhafte Stelle, sollte das Stoffstück ringsum ca. 1-2 cm größer sein als die zu reparierende Fläche. An sehr strapazierten Stellen, z. B. bei Kinderhosen, die aufgebügelte Applikation zuerst dicht entlang der Schnittkanten mit kurzen Steppstichen vornähen, danach mit dem Zickzackstich aufnähen und dabei die Steppnaht verdecken.

Stoffteile verstürzen

Die Technik des Verstürzens benötigt man, wenn zwei gleiche Stoffteile später rundherum ohne eine Öffnung zusammengenäht sein sollen. Die Kanten können hierbei mit dehnbaren Bändern wie Paspeln, Schrägbändern oder Zackenlitzen betont werden.

1 Zwei Stoffteile zuschneiden und eine Wendeöffnung auf der Nahtzugabe markieren.
Sollen schmale Bänder oder Zackenlitzen als Kantenverzierung dienen, muss die Nahtlinie auf die rechte Seite eines der beiden Stoffteile übertragen werden, damit die Verzierung beim Nähen auch mitgefasst wird. Bei breiten Bändern kann stattdessen eine Längskante bündig zur Schnittkante aufgesteckt werden.

2 Die Verzierung ringsum entlang der Nahtlinie auf die rechte Seite eines Stoffteils aufstecken. Benötigt das fertige Modell einen Aufhänger, kann dieser gleich an der Oberseite mitgefasst werden. Das Band oder die Zackenlitze rechts knapp neben der Nahtlinie auf die Nahtzugabe heften und aufnähen.

3 Beide Stoffteile rechts auf rechts aufeinander legen und feststecken. Die Teile bis auf die markierte Wendeöffnung ringsum zusammensteppen, nun jedoch links neben der ersten Naht, sodass diese auf der rechten Seite nicht sichtbar ist. Nahtzugaben auf ca. 3-7 mm Breite zurückschneiden. An der Öffnung sollten jedoch mindestens 7 mm Zugabe bleiben. Nun die Zugaben schräg abschneiden, einkerben oder einschneiden (siehe Seite 32).

4 Das Stoffteil durch die Öffnung wenden, die Nahtränder nach außen ziehen und Ecken und Rundungen in Form bringen. Die Kanten bügeln, dabei darauf achten, dass die Naht genau dazwischen liegt.

Nach dem Wenden sind genähte Ecken meist stumpf. Mit Hilfsmitteln, wie einer dicken Stricknadel oder einer Durchziehnadel, können sie vorsichtig von innen nach außen geschoben und so in Form gebracht werden. Die Spitze des hierfür verwendeten Werkzeugs sollte stark abgerundet oder kugelförmig sein, um ein versehentliches Durchstoßen der Ecken zu vermeiden. Sehr handlich und effektiv ist ein spezieller Ecken- und Kantenformer (siehe Seite 12 „Nützliche Utensilien").

5 Die Form nun eventuell füllen und die Öffnung von Hand z. B. mit Staffierstichen schließen (siehe Seite 39).

Reißverschlüsse

Reißverschlüsse sind eine praktische Verschlusslösung für Schlitzöffnungen an Näharbeiten. Die einfachste Arbeitsweise ist hierbei ein beidseitig verdeckter Reißverschluss, bei dem die Einsteppnaht auf der rechten Stoffseite sichtbar ist. Diese Methode wird häufig bei Kissen und Taschen angewendet. Hierfür sind Reißverschlüsse mit Kunststoffspirale empfehlenswert, da sie biegsamer sind als solche mit Zähnchen. Beim Einarbeiten eines Reißverschlusses ist es wichtig, dass die Länge von Schlitzöffnung und Spirale oder Zähnchenreihe des Reißverschlusses übereinstimmt, damit er später tadellos sitzt und funktioniert. Werden Reißverschlüsse mit Baumwollband verwendet, sollten diese vorgewaschen werden, um ein späteres Einlaufen zu verhindern. Bei leichten und dehnbaren Stoffen erleichtert es das Einnähen, wenn zuerst die Nahtzugaben mit einer leichten Bügeleinlage verstärkt werden.

Reißverschluss einnähen

1 An der Schlitzöffnung die Nahtzugaben versäubern, eventuell verstärken und nach links umbügeln. Den Stoff wenden.

Um die Schlitzkanten für den Reißverschluss exakt vorzubereiten, können Sie die Nahtzugaben entlang der Nahtlinie heften oder mit dem längsten Geradstich zunähen. Dann die Nahtzugaben auseinander bügeln, den Schlitz wieder auftrennen und den Reißverschluss einheften.

2 Nun den Reißverschluss in den Schlitz legen und an den Schlitzseiten mit Stecknadeln so unter die Stoffkanten stecken, dass die Spirale oder Zähnchenreihe nicht sichtbar ist. Die beiden Stoffkanten sollten genau in der Mitte über der Spirale oder Zähnchenreihe zusammenstoßen. Hilfreich können dabei schmale, transparente Klebestreifen sein, die auf der rechten Seite längs auf die Kanten geklebt werden und diese so in Position halten. Oben an der Reißverschlussöffnung muss der Gleiter etwas unterhalb der Nahtlinie sitzen, am unteren Ende ist das Endteil der Spirale bzw. der untere Stopper von der Naht verdeckt. Den Reißverschluss einheften und die Klebestreifen entfernen.

3 An der Nähmaschine den Reißverschlussfuß einsetzen. Zum Nähen der linken Reißverschlussseite muss der Fuß rechts im Nähfußhalter eingerastet sein, sodass die Nadel rechts vom Fuß einsticht. Den Reißverschluss öffnen. Oben an der linken Schlitzkante mit der kurzen Quernahthälfte beginnen, dann den Stoff um 90° drehen und dabei die Nadel im Stoff lassen. Nun so dicht neben der Schlitzkante entlang steppen, wie es die Breite der Spirale oder Zähnchenreihe zulässt. Einige Zentimeter vor dem Bandende stoppen, dabei die Nadel im Stoff lassen. Den Nähfuß anheben und den Reißverschluss schließen. Den Nähfuß wieder senken und bis zum Bandende steppen.

4 Den Stoff um 90° drehen und die kurze Quernaht steppen. Den Stoff erneut um 90° drehen und einige Zentimeter nähen, dann den Reißverschluss wieder öffnen. Im gleichen Abstand zur Schlitzkante die rechte Reißverschlussseite bis zum oberen Ende einnähen und die Quernaht vervollständigen. Zuletzt den Heftfaden entfernen.

> Beim Einnähen des Reißverschlusses kann man an den unteren Enden statt des geraden Querriegels auch ein flaches „V" nähen. Besonders bei Ziernähten sieht das sehr hübsch aus.

Reißverschluss kürzen

Reißverschlüsse werden in sehr vielen Maßen angeboten, jedoch nicht in allen. Je nach Länge sind sie in 2 cm bis 5 cm-Schritten verfügbar. Sollte ein Reißverschluss in der gewünschten Länge einmal nicht erhältlich sein, kann man längere Reißverschlüsse auch selbst kürzen.

Nicht teilbare Verschlüsse werden am unteren Ende gekürzt. Dafür einfach einen Riegel nähen und das überschüssige Ende mit ca. 1,5 cm Abstand zum Riegel abschneiden. Dann den Reißverschluss ganz normal einnähen.

Karin Roser entwirft als freischaffende Designerin und Autorin Modelle für zahlreiche Kreativ-, Wohn- und Gartenzeitschriften. Ein besonderes Faible hat sie für ausgediente Gegenstände und Flohmarktfunde, die sie mit viel Phantasie für ihre Kreationen verwendet. Beim frechverlag ist sie Co-Autorin von „Nähen – das Standardwerk".

DANKE!

Wir danken den Firmen Coats (Kenzingen), Freudenberg Vliesstoffe (Weinheim), Knorr Prandell (Lichtenfels), Madeira Garne (Freiburg), Prym (Stolberg), Rayher Hobby (Laupheim), VSM Deutschland (Karlsruhe) und Westfalenstoffe (Münster) für die Unterstützung bei diesem Buch.
www.coatsgmbh.de
www.freudenberg.de
www.knorrprandell.de
www.madeira.de
www.prym.com
www.rayher-hobby.de
www.vsm-deutschland.de
www.westfalenstoffe.de

TOPP – Unsere Servicegarantie

WIR SIND FÜR SIE DA! Bei Fragen zu unserem umfangreichen Programm oder Anregungen freuen wir uns über Ihren Anruf oder Ihre Post. Loben Sie uns, aber scheuen Sie sich auch nicht, Ihre Kritik mitzuteilen – sie hilft uns, ständig besser zu werden.

Bei Fragen zu einzelnen Materialien oder Techniken wenden Sie sich bitte an unseren Kreativservice, Frau Erika Noll:
mail@kreativ-service.info
Telefon 0 50 52 / 91 18 58

Das Produktmanagement erreichen Sie unter:
pm@frechverlag.de
oder: frechverlag
Produktmanagement
Turbinenstraße 7
70499 Stuttgart
Telefon 07 11 / 8 30 86 68

LERNEN SIE UNS BESSER KENNEN! Fragen Sie Ihren Hobbyfach- oder Buchhändler nach unserem kostenlosen Kreativmagazin **Meine kreative Welt.** Darin entdecken Sie halbjährlich die neuesten Kreativtrends und interessantesten Buchneuheiten.

Oder besuchen Sie uns im Internet! Unter **www.topp-kreativ.de** können Sie sich über unser umfangreiches Buchprogramm informieren, unsere Autoren kennenlernen sowie aktuelle Highlights und neue Kreativtechniken entdecken, kurz – die ganze Welt der Kreativität.

Kreativ immer up to date sind Sie mit unserem monatlichen **Newsletter** mit den aktuellsten News aus dem frechverlag, Gratis-Anleitungen und attraktiven Gewinnspielen.

IMPRESSUM

FOTOS: frechverlag GmbH, 70499 Stuttgart; lichtpunkt, Michael Ruder, Stuttgart; Andreas Springer (S. 48)
PRODUKTMANAGEMENT: Ute Wielandt
LEKTORAT: Anna Bender, Nina Armbruster
GESTALTUNG: Petra Theilfarth
DRUCK: Korotan, Slowenien

2. Auflage 2013

© 2012 **frechverlag** GmbH, 70499 Stuttgart

ISBN 978-3-7724-6699-1 • Best.-Nr. 6699